L'Automobile

COLLECTION CyclOpe
LES GRANDS MARCHÉS MONDIAUX

sous la direction de

Philippe CHALMIN

1 Matières premières et commodités *(Chalmin et El Alaoui)*
2 Le blé *(Charvet)*
3 Le pétrole *(Angelier)*
4 Les semi conducteurs *(Dauvin)*
5 Les produits de la mer *(Guiffre)*
6 Le cuivre *(Nappi)*
7 Le café *(Daviron et Lerin)*
8 Le nickel *(de Sá)*
9 L'étain *(Calabre)*
10 Le soja *(Carfantan)*
11 Le minerai de fer *(de Sá)*
12 La banane *(Châtel)*
13 Le dollar *(Klein et Vallet)*
14 Le vin *(Spahni et Labys)*
15 Le sucre *(Kœhl)*
16 Le tourisme *(Vellas)*
17 L'automobile *(Roos)*
18 Le textile *(Jacomet)*

A PARAÎTRE

L'aluminium *(Nappi)*
L'acier *(Signora)*
Le transport aérien *(Vellas)*
Le gaz naturel *(Angelier)*
Le charbon *(Langlois)*
Le riz *(Blein et Lerin)*
Le lait *(Rastoin)*
Le caoutchouc *(Pedel)*

CyclOpe

L'Automobile

PHILIPPE ROOS

ECONOMICA
49, rue Héricart, 75015 Paris

« Et si l'automobile n'existait que comme métaphore de la création ? »

U. Eco, *Le Pendule de Foucault*

LISTE DES PRINCIPALES ABRÉVIATIONS UTILISÉES

CA : Chiffre d'Affaires
CCFA : Comité des Constructeurs Français d'Automobiles
F : Francs Français
G : Milliards (= « Giga »)
M : Millions (= « Méga »)
PIB : Produit Intérieur Brut
RN : Résultat Net
VP : Voitures Particulières
VU : Véhicules Utilitaires

Abréviations des noms de pays :

B = Belgique ; Can. = Canada ; CH = Suisse ; Cor. = Corée du Sud ; D = Allemagne; E = Espagne ; F = France ; GB = Royaume-Uni ; I = Italie ; J = Japon ; Lux. = Luxembourg ; NL = Pays-Bas ; S = Suède ; URS = Union Soviétique ; US = Etats-Unis.

REMERCIEMENTS

Merci à C. Barrière et H. Teulon pour leur lecture attentive et leurs suggestions pertinentes.

INTRODUCTION

« Si l'on ne considère que la manière dont vivent et travaillent les Japonais, affirmait récemment le président de la Commission Européenne, J. Delors (*Les Echos*, 27 mai 1991), cela nous obligerait pour être compétitifs à revenir quarante ans en arrière». Cette déclaration traduit bien l'âpreté des négociations qui ont précédé le compromis sur l'automobile entre la Communauté Européenne et le Japon.

Obtenu en juillet 1991, il prévoit que l'ouverture du marché unique européen sera repoussée au 1er janvier 2000. D'ici là, le volume des importations japonaises sera limité approximativement à son niveau actuel (1,2 millions de véhicules par an) et la part de marché des voitures nipponnes devra rester inférieure à 16 %, soit 2,4 millions de voitures en 1999. A cette date, l'accord autorise implicitement les Japonais à vendre 1,2 millions d'automobiles « made in Europe », contre un peu moins de 300 000 en 1990. Sur la base de l'hypothèse retenue dans les négociations, c'est-à-dire une croissance moyenne du marché de 2,4 % par an de 1990 à 2000, les ventes japonaises en Europe pourraient croître de 8 % par an sur la décennie, laissant un potentiel d'à peine 2 % par an aux autres constructeurs d'automobiles.

Cet accord, que certains croient éphémère, est-il aussi « détestable » que le pense J. Calvet, le président de Peugeot SA (« il faut que chacun prenne conscience, dit-il, que l'accord avec les Japonais risque d'avoir pour conséquence une régression d'un siècle du droit du travail et des acquis sociaux » !) ? Risque-t-il, comme le concluait une étude du cabinet Mac Kinsey, de faire « perdre » plus de 700 000 voitures par an aux quatre grands constructeurs européens (Volkswagen, Fiat, Peugeot SA et Renault), et par suite de leur faire supprimer plus de 120 000 emplois ? Le restructuration de l'industrie automobile européenne qui en découlera coûtera-t-elle plusieurs dizaines de milliards d'écus, comme l'expliquait récemment R. Lévy, le patron de Renault ? Ce dernier réclame un plan comparable à celui, naguère, de la sidérurgie, qui en Europe a perdu plus de la moitié de ses effectifs depuis 1974 (R. Lévy, fort peut-être des succès du moteur Renault dans les courses de Formule 1, est néanmoins « serein » sur l'avenir de l'automobile européenne face aux Japonais).

Ce petit ouvrage n'a pas la prétention de répondre à ces difficiles questions. Il a cependant l'ambition de faire comprendre au lecteur la situation présente de l'automobile mondiale (et pas seulement européenne), et de lui permettre de mieux saisir les enjeux d'une industrie qui reste et restera encore quelque temps la première du monde.

Il semble bien que l'automobile demeurera une industrie de masse. Ses marchés et son organisation sont cependant en pleine mutation, et les constructeurs recherchent le futur « mode de croissance » stable qui remplacera celui qui prévalait depuis cinquante ans et qui est entré en crise au milieu des années soixante-dix. Ressemblera-t-il au modèle japonais de « production maigre » comme le proclament ses chantres américains (voir l'ouvrage dirigé par J. Womak cité en bibliographie) ou à un réel « partenariat » à l'européenne comme le préconisent E. de Banville et J.-J. Chanaron (voir bibliographie), à moins qu'il soit en définitive très proche du système précédent, comme semblent le penser F. Bricnet et P. A. Mangolte (voir bibliographie) ? Là encore, sans vouloir me lancer dans de hasardeuses prévisions, et encore moins dans des recommandations normatives, je serais heureux si ces pages aidaient le lecteur à fonder son propre jugement.

Le premier chapitre s'attache à l'histoire industrielle et commerciale de l'automobile depuis les origines, indispensable à la bonne compréhension des enjeux actuels. L'étude des « grands équilibres » décrit plus précisément la situation présente : structures de la demande et de l'industrie, des fournisseurs de matériaux aux constructeurs d'automobiles, et organisation des échanges internationaux. Enfin, le dernier chapitre analyse la crise de l'automobile depuis le premier choc pétrolier, ainsi que les premières réactions des constructeurs. Il se termine par quelques considérations sur l'avenir de l'industrie automobile mondiale.

I

HISTOIRE D'UNE INDUSTRIE DOMINANTE

« Et j'ai vu en effet des grands bâtiments trapus et vitrés, des sortes de cages à mouches sans fin, dans lesquelles on discernait des hommes à remuer, mais remuer à peine, comme s'ils ne se débattaient plus que faiblement contre je ne sais quoi d'impossible. C'était donc ça Ford ? Et puis tout autour et au-dessus jusqu'au ciel un bruit lourd et multiple et sourd de torrents d'appareils, dur, l'entêtement des mécaniques à tourner, rouler, gémir, toujours prêtes à casser et ne cassant jamais ».

L. F. Céline, *Voyage au bout de la nuit*

I. L'UTILITÉ D'UNE HISTOIRE DE L'AUTOMOBILE

L'automobile est née voici un peu plus d'un siècle, dans les dernières années de la décennie 1880. Depuis, son industrie a connu au moins une révolution, avec l'apparition de la production de masse dans les usines Ford à Detroit, et quelques évolutions marquantes dans l'organisation des rapports inter-firmes, sans que le produit change radicalement.

On lit à ce propos dans un rapport du Massachusetts Institute of Technology (MIT) que « le concept de base de l'automobile a à peine évolué en un siècle. Cent ans après le premier véhicule, ajoute le MIT, l'automobile est toujours un engin de transport sur route, muni de quatre roues et d'un moteur, destiné à un conducteur et à quelques passagers. Les progrès techniques ont augmenté son utilité, ses performances, la facilité et le confort de son utilisation bien au-delà des rêves des premiers constructeurs, mais le concept d'automobile reste fondamentalement le même que dans les années 1880. En revanche, l'industrie automobile a connu toute une série de bouleversements, transformant de petites entreprises artisanales concentrées en France et en Allemagne en un ensemble de grandes firmes internationales organisées selon des principes totalement inédits ». En fait, l'industrie automobile symbolise et résume les enjeux et les conflits d'un siècle de développement de la production et de la consommation de masse : son histoire est celle de l'industrie moderne.

C'est pourquoi il est bon de s'attarder assez longuement sur le passé de cette industrie qui fut assurément, qui reste et restera sans doute quelque temps la première du monde. Une telle analyse est d'autant plus utile qu'elle est à mon sens une condition sine qua non pour comprendre l'état présent de l'industrie automobile, les enjeux auxquels elle est confrontée et les perspectives qui s'ouvrent à elle. En matière d'automobiles comme en d'autres, le « temps long », l'« histoire profonde » chers à Fernand Braudel sont des clés indispensables, et je ne voudrais pas tomber dans ce « défaut des études des journalistes, des économistes et des sociologues » que souligne le grand historien, qui est « trop souvent de ne pas tenir compte des dimensions et des perspectives historiques ».

Je fais l'hypothèse que les industries connaissent des périodes de croissance successives relativement stables, entrecoupées de crises plus ou moins longues. Ces crises de transition résultent de « blocages » structurels qui freinent le développement des firmes. On verra que l'histoire de l'industrie automobile peut se diviser en quatre périodes dont la dernière, où nous vivons depuis une quinzaine d'années, est une longue transition vers un avenir que le dernier chapitre tentera d'éclairer quelque peu.

La figure 1 illustre ce découpage sur la courbe de la production d'automobiles aux Etats-Unis depuis le début du siècle. De 1900 à 1908, cette production est très faible comparativement aux niveaux ultérieurs. Puis elle croît rapidement jusqu'au milieu des années vingt. Elle connaît ensuite un demi-siècle de croissance plus modérée, avant d'entrer dans une période de stagnation au milieu des années soixante-dix.

II. LES ORIGINES EUROPÉENNES : DE LÉONARD DE VINCI À PANHARD ET LEVASSOR

1. La préhistoire de l'automobile

Les historiens des techniques ont donné à l'automobile des ancêtres fort reculés : le rêve d'un « carrosse sans chevaux » est en effet très ancien. On se plaît à citer les voitures à vapeur de N. Cugnot (1770-1771), voire à remonter aux dessins de Léonard de Vinci. Mais l'automobile est d'abord un produit de la Révolution industrielle.

Figure 1 :
PRODUCTION AMÉRICAINE D'AUTOMOBILES DE 1900 À 1990
(en millions de VP + VU)

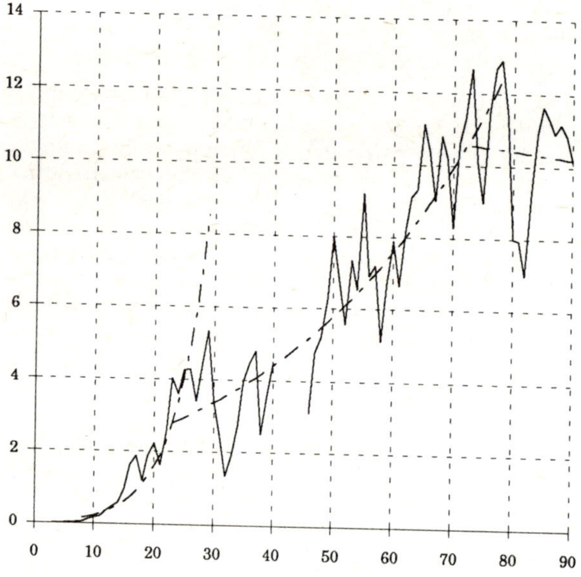

Source : CCFA.

La machine à vapeur, inventée à la fin du XVIIe siècle par T. Savery, améliorée au cours du XVIIIe par T. Newcomen et J. Watt, est la source d'énergie majeure du XIXe siècle. Elle fut longtemps considérée comme la meilleure force de propulsion pour les trains puis les automobiles. Pourtant, le premier essai d'un moteur à combustion interne date du XVIIe siècle et de Huygens, mais les difficultés techniques pour sa mise au point sont considérables, et il faut attendre 1859 pour qu' E. Lenoir mette au point le premier moteur à explosion, fonctionnant à l'aide d'un mélange de gaz d'éclairage et d'air. En 1862, A. Beau de Rochas imagine le cycle à quatre temps, qui est mis en pratique en 1876 avec le premier moteur de N. Otto, alimenté au gaz (le moteur de R. Diesel, fondé sur un cycle légèrement différent, date quant à lui de 1892). Les techniciens s'orientent ensuite vers une nouvelle source d'énergie plus pratique, le pétrole.

Les premières voitures modernes qui apparaissent en Allemagne, puis en France, sont équipées de moteurs à essence : le tricycle de C. Benz en 1885, l'automobile de G. Daimler en 1886, celle de R. Panhard et E. Levassor en 1890, etc. Des véhicules à vapeur ou à propulsion électrique continuent pourtant à être fabriqués jusqu'à la fin du siècle, voire plus tard pour certains modèles (on a construit des automobiles à vapeur jusqu'à la fin des années vingt). Mais le moteur à explosion finit par s'imposer : il est compact, léger, son rendement est remarquable et le carburant liquide est le plus pratique.

2. Naissance d'une industrie de luxe

L'automobile se développe lentement dans les dernières années du XIXe siècle et la première décennie du XXe. C'est encore une industrie de luxe : « l'automobile est un jouet coûteux » (D. Landes), un « gadget ». Le « vis-à-vis » d'A. Peugeot coûte par exemple 6 200 francs dans les années 1890, soit plus de quatre années du salaire d'un ouvrier qualifié (5 francs par jour).

Les premiers fabricants d'automobiles sont nombreux et fragiles : ainsi aux Etats-Unis, on dénombre 500 créations d'usines entre 1900 et 1908, et 300 faillites ou reconversions. La production est très faible : Peugeot vend 18 voitures en 1892, 35 en 1893, 40 en 1894. Il ne franchit le seuil des mille véhicules qu'en 1905, en même temps que Renault. Les fondateurs du secteur sont des ingénieurs mécaniciens disposant de leur bagage technique et de capitaux assez modestes. Ils s'entendent particulièrement à la conception des voitures, mais aussi à leur promotion, obtenue lors des premières courses : il faut proposer des produits « innovants » et attirer l'attention des riches amateurs.

En revanche, les méthodes de production sont encore artisanales : « fin XIXe, début XXe, le procès de travail reposait pour l'essentiel sur le savoir-faire technique des ouvriers de métier. Il représentait un véritable pouvoir entre les mains de ces ouvriers » (C. du Tertre). L'industrie de masse s'appliquera à détruire ce pouvoir.

III. LE « FORDISME » AUX ÉTATS-UNIS

1. De 1908 à 1914 : naissance de l'industrie de masse

« Vers la fin du XIXe siècle, un certain nombre d'hommes d'affaires américains découvrirent un nouveau moyen de s'enrichir. Plus précisément ils se rendirent compte que, pour les industries où de considérables économies d'échelle étaient réalisées, des avantages incomparables sur le plan de la compétitivité pouvaient être retirés. La baisse des coûts, rendue possible par le fonctionnement stable et à pleine capacité des grandes usines, signifiait une baisse corrélative des prix. Celle-ci impliquait à son tour un volume de production accru, une plus grande part du marché, et souvent une expansion de ce marché. Autant de facteurs qui conduisaient eux-mêmes à une utilisation plus fiable des capacités productives, voire au développement de nouvelles capacités » (R. Tedlow). Parmi les pionniers de cette « stratégie de pénétration », fondée sur la baisse des prix et l'augmentation des ventes, sur la consommation de masse, il faut citer J. D. Rockefeller dans le pétrole, A. Carnegie dans la sidérurgie, et bien sûr Henry Ford, qui construit ses premières voitures en 1896 (voir encadré 1).

Pourtant, l'Europe domine encore l'industrie automobile jusqu'en 1907-1908 : les Français et les Allemands ont cumulé près de 60 % de la production mondiale de 1900 à 1906. Mais dès 1907 les Américains prennent 58 % du marché mondial, en conservant cependant des méthodes de fabrication proches de l'artisanat : la croissance de la production s'explique surtout par la demande. Le pays est en effet moins dense que l'Europe, et les distances à parcourir sont plus grandes. Le marché est donc réceptif à des voitures très utilitaires, adaptées à l'usage rural et rendues assez peu coûteuses par la possibilité qu'ont les constructeurs d'écouler de grandes séries dans tout le pays.

Le véritable « tournant » date en fait de 1908, année à la fois du lancement de la Ford T et de la création de General Motors (GM). Ce groupe réunit onze sociétés, dont les principales sont Olds (futur Oldsmobile), Oakland (futur Pontiac), Cadillac et Buick (Chevrolet rejoint General Motors en 1919). H. Ford crée de son côté la Ford Motor Company en 1903. La première année, la société fabrique 1 700 voitures (2 fois plus que Renault, et 15 % de la production américaine), puis 10 000 en 1908 (3 fois plus que Renault, et toujours 15 % de la production américaine). Sa production passe à 300 000 véhicules en 1914, soit 71 fois plus que Renault, et 53 % de la production américaine : un événement majeur se produit cette année-là dans l'industrie automobile mondiale.

2. De 1914 à 1923 : l'ère « fordiste »

Avec le modèle T, le dessein d'H. Ford est de produire une voiture robuste, d'entretien facile, et surtout bon marché. Pour y parvenir il faut diminuer les coûts de production, et pour cela augmenter la taille des séries afin de bénéficier d'« économies d'échelle ». Celles-ci constituent un des principaux facteurs pour comprendre la stratégie des constructeurs d'automobiles, encore et plus que jamais valable aujourd'hui.

Encadré 1 :
FORD ET SLOAN, TAYLOR ET OHNO

Henry **FORD** est né en 1863 à Dearborn, près de Detroit. Il quitte l'école à 15 ans et, après avoir travaillé dans diverses entreprises de mécanique, il construit sa première voiture en 1896. Après plusieurs tentatives infructueuses, la Ford Motor Company est fondée en 1903. Le modèle T sort en 1908. La première chaîne apparaît en 1913, et le système est étendu à l'assemblage final en 1914. De 1912 à 1914, le nombre d'ouvriers employés chez Ford double et la production quadruple. Edsel Ford, le fils d'Henry, prend la présidence de la société de 1918 jusqu'à sa mort en 1943. Son fils Henry II, alors âgé de 26 ans, lui succède. Son grand-père, qui a de fait dirigé la firme bien après 1918, meurt en 1947.

Alfred **SLOAN** est né en 1875. Il passe son diplôme d'ingénieur électricien au MIT et entre en 1895 chez Hyatt, un petit fabricant de roulements dont il devient rapidement directeur général. En 1916 W. Durant, le fondateur de General Motors, crée United Motors qui regroupe plusieurs fournisseurs de l'automobile, dont Hyatt. A. Sloan est nommé président du nouveau groupe et passe au conseil d'administration de General Motors. Il en prend la tête en 1923 et y demeure jusqu'en 1946. Sloan meurt en 1965.

Frédéric **TAYLOR** est né en 1856. Il est d'abord ouvrier, puis contremaître et chef d'un atelier de tournage. Il s'intéresse au rendement des machines, tout d'abord sous l'angle technique : il met ainsi au point en 1898 un nouvel acier « rapide » pour les outils de coupe. Il s'aperçoit vite que le rendement des ateliers ne dépend pas uniquement des machines, mais aussi de leur organisation et de l'efficacité des gestes des ouvriers. Taylor commence ses recherches sur le chronométrage et l' « organisation scientifique du travail » dès les années 1880. Il publie « La Direction scientifique des entreprises » en 1906 et meurt en 1915, au moment où apparaissent les premières chaînes de montage. « Le but que se proposait en dernière analyse Taylor, écrit B. Gille, devait être la diminution de la misère de l'homme ».

> Taiichi **OHNO** est né en 1912. Il obtient son diplôme d'ingénieur mécanicien en 1932 et entre chez Toyoda Spinning and Weaving, qui est absorbé par Toyota en 1943. Il dirige successivement des ateliers d'assemblage (1945) et de mécanique (1947), avant d'être nommé directeur technique de Toyota en 1953. Il met au point le « système Toyota » au cours des années cinquante et l'étend aux sous-traitants durant les années soixante. Il devient vice-président de la firme en 1975 et prend sa retraite en 1978, l'année de la publication de « L'Esprit Toyota » où il expose ses principes. Ohno meurt en 1990.

Une firme réalise de telles économies si le coût unitaire de ses produits diminue quand la taille des séries augmente. La figure 2 montre l'exemple d'une aile avant en tôle emboutie : son coût diminue rapidement jusqu'à des séries d'environ 500 pièces par jour et se stabilise pratiquement au-delà de 1 000 à 1 500 par jour.

Les économies d'échelle proviennent surtout de la répartition des coûts fixes (études et recherches, locaux, machines, etc.) sur un plus grand nombre de produits. Concevoir une voiture coûte par exemple une somme à peu près constante, quelle que soit la cadence de production envisagée ; aussi le constructeur a-t-il intérêt à ce que cette cadence soit la plus élevée possible, afin que chaque voiture ait à supporter une plus petite part du coût de conception [1]. La spécialisation des hommes, des machines et des usines est une autre cause d'économies d'échelle : Adam Smith avait déjà observé que la division du travail permet

1. Supposons que la conception de la voiture coûte 200. Si le constructeur en fabrique 1 000, il imputera 0,2 à chacune d'entre elles (1 000 x 0,2 = 200 : il récupérera ainsi le coût de conception du modèle). S'il en fabrique 10 000, il suffira d'imputer 0,02 à chaque voiture (car 10 000 x 0,02 = 200) ; il pourra donc soit les vendre moins cher (et espérer en écouler davantage), soit, à prix constant, augmenter son bénéfice.

une plus grande efficacité ; or, plus on augmente la taille des séries, plus on peut spécialiser chaque étape de la production.

Figure 2 :
COÛT UNITAIRE DE FABRICATION D'AILES AVANT D'AUTOMOBILES (en francs)

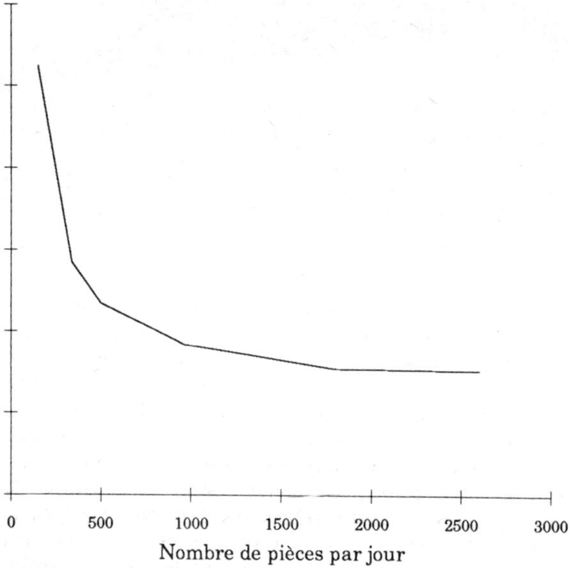

Source : CERNA.

Une des clés pour réussir la « course au volume » est la standardisation des pièces, apparue dès le XIXe siècle pour des produits comme les armes à feu (Colt) ou les machines à coudre (Singer). Elle rend interchangeables entre eux les composants provenant d'ateliers ou de fournisseurs différents, favorisant ainsi l'organisation séquentielle des fabrications (chaque étape est pratiquement indépendante des autres) et le développement de grandes unités spécialisées.

La seconde clé du succès de Ford est l'« organisation scientifique du travail », suivant les principes de l'ingénieur F. Taylor (qui meurt en 1915 : il n'a pas personnellement contribué à l'application de ses idées chez Ford ; voir encadré 1). L'organisation tayloriste du travail est fondée sur la décomposition des tâches en opérations élémentaires et sur la détermination des gestes optimaux à accomplir pour chacune de ces « parcelles » de la production, grâce au chronométrage (B. Coriat a intitulé « L'Atelier et le Chronomètre » son ouvrage consacré au taylorisme). L'ouvrier « taylorisé », dont le symbole est le Charlot des « Temps modernes », perd tout contrôle sur l'organisation et le rythme de la fabrication, au profit de puissants bureaux des méthodes.

Ford améliore encore le système tayloriste en introduisant la chaîne de montage, qui est le moyen idéal de coordonner (puis d'accélérer) les cadences de chaque opération élémentaire. La première chaîne, non mécanisée, est créée en 1913 dans l'atelier des magnétos. Elle est introduite dans celui des radiateurs, en mécanique, puis dans l'assemblage final des châssis en 1914. Le temps de montage d'une voiture passe de douze heures et demie en septembre 1913, à une heure et demie six mois plus tard.

Des mesures sociales complètent l'instauration du système fordiste. En janvier 1914 sont instaurés la journée de huit heures (on passe des « 2 x 9 » aux « 3 x 8 ») et le doublement des salaires ouvriers (les fameux « 5 dollars par jour », pour les hommes uniquement ; en fait, comme le souligne R. Lacey, le salaire de base reste fixé à 2,34 dollars par jour, et pour avoir droit au « partage des bénéfices », c'est-à-dire à 2,66 dollars supplémentaires, les ouvriers doivent « prouver qu'ils utilisent leurs primes dans leur intérêt et celui de leur famille, et qu'ils vivent selon la façon préconisée par H. Ford ; les inspecteurs du « Service Sociologique », nouvellement créé dans l'entreprise, sont chargés d'effectuer des contrôles »). Ces décisions améliorent l'atmosphère de travail et diminuent la rotation des effectifs, très élevée à l'époque. Elles ont peut-être une influence aussi grande sur l'entreprise que l'introduction du travail à la chaîne.

Le « fordisme » dure jusqu'au milieu des années vingt et voit l'équipement de nombreux foyers américains en automobiles. Il est caractérisé par une croissance forte et régulière du marché. Les automobiles deviennent des objets utilitaires, des « machines à rouler » standardisées, dont les prix ne cessent de diminuer. Les constructeurs grandissent rapidement, qu'il s'agisse de leurs capacités d'assemblage ou de leur intégration vers l'amont (vers la fonderie, la forge, l'usinage voire la métallurgie de base ou les mines).

C'est ainsi que General Motors regroupe ses filiales d'équipement au sein de United Motors en 1916 (on y trouve les bougies Champion, les avertisseurs Klaxon, les équipements électriques Delco, etc.) afin de mieux coordonner leurs activités avec les divisions d'assemblage, dont elles dépendent de plus en plus. En 1918, Ford ouvre à Detroit le complexe de Rouge River, devenu par la suite le plus grand site industriel du monde, incluant notamment une usine sidérurgique intégrée (l'usine de Rouge compte 42 000 travailleurs en 1924 et 103 000 en 1929).

L'industrie se concentre de plus en plus : en 1923, Ford détient 50 % du marché américain et General Motors 21 %. Mais le fordisme est instable, la croissance est trop rapide. Des perturbations annoncent une nouvelle période, qui voit l'arrivée de General Motors au premier rang mondial de l'industrie automobile.

IV. MUTATIONS ET MONDIALISATION : UN DEMI-SIÈCLE DE CROISSANCE

1. La crise du fordisme aux Etats-Unis

1.1. Une saturation de la demande

Les ventes aux Etats-Unis dépassent en 1923 le seuil de quatre millions de véhicules, mais elles se stabilisent ensuite jusqu'à la Seconde Guerre mondiale, en décroissant même légèrement (en moyenne de 0,8 % par an entre 1923 et 1940).

La conjoncture économique et politique mondiale n'est certes pas étrangère à cette stagnation. Mais celle-ci révèle aussi une cassure spécifique dans la croissance du marché de l'automobile. Le niveau de motorisation des ménages américains est tel que l'offre à bon marché de véhicules simples ne suffit plus à assurer la croissance du marché et des constructeurs à un rythme satisfaisant, malgré l'effet de la baisse continue des prix.

Le marché se sature donc au début des années vingt, par inadaptation de l'offre à une demande qui souhaite maintenant des voitures plus élaborées que la Ford T. Le développement de fabricants indépendants d'accessoires permettant aux acheteurs de personnaliser leur véhicule est à cet égard symptomatique. La situation économique favorable et le crédit facile poussent la clientèle vers des modèles plus coûteux, alors même que le marché de l'occasion se développe, concurrençant celui des véhicules neufs de bas de gamme. Les constructeurs doivent revoir leur stratégie et provoquent pour cela une innovation technique majeure : ils inventent et diffusent la conduite intérieure, qui permet d'offrir plus de confort et une meilleure protection contre les intempéries.

1.2. La mutation du produit : la conduite intérieure

A l'origine, les constructeurs fabriquaient surtout des châssis. Les clients pouvaient les acheter nus, et les faire carrosser par des artisans spécialisés, ceux-là même qui construisaient les carrosses à cheval. On peut remarquer à ce propos que les automobiles étaient au début beaucoup plus conservatrices par leur forme que par leurs organes mécaniques. S. Bellu parle d'« auto-immobile » et observe que, « figée dans les formes héritées des attelages, l'automobile tarde à trouver son « style ». Les véhicules hippomobiles sont transposés purement et simplement à la motorisation. Ils sont convertis en gardant leurs tics stylistiques, leurs cintrages, leurs accessoires et leur terminologie. Les mêmes artisanats subsistent : selliers, forgerons, charrons, menuisiers s'adaptent sans mal puisque les mêmes corps de métier conservent les mêmes procédés de fabrication ». Peu à peu cependant, les constructeurs vendent eux-mêmes des voitures « habillées », en faisant d'abord appel à des sous-traitants spécialisés. Les carrosseries sont le plus souvent découvertes et fabriquées en bois.

En 1914, H. Budd invente la carrosserie tout en acier, que les frères Dodge sont les premiers à expérimenter sur leurs modèles. Mais il faut attendre 1924, et A. Citroën, pour voir les premières caisses « tout-acier » produites en grandes séries à l'aide du procédé Budd.

En 1921, Hudson sort la conduite intérieure Essex à carrosserie métallique sur une armature en bois. Son prix est relativement proche de celui de la « torpédo » découverte et étonne les concurrents : la différence entre les deux modèles est d'à peine 5 % en 1925, grâce aux progrès du laminage, de l'emboutissage et du soudage des tôles d'acier. La part des voitures neuves à conduite intérieure passe de 10 % en 1919 à 56 % en 1925 et 85 % en 1927. Cette innovation nécessite de lourds investissements et provoque une nouvelle concentration de l'industrie américaine.

La Ford T, vieillissante, est trop légère pour s'adapter véritablement à la conduite intérieure [1]. Son mar-

1. Il faut un châssis assez résistant pour supporter la lourde carrosserie en acier.

ché s'effrite. H. Ford décide alors de fermer ses usines durant neuf mois en 1926, pour préparer un nouveau modèle. C'est la Ford A, qui repose sur les mêmes principes que le modèle T, prix bas et standardisation, qui ne sont plus adaptés au marché. General Motors prend la première place en Amérique et dans le monde, et ne la cède plus qu'en 1929, 1930 et 1935 à Ford.

2. Les débuts du « sloanisme » aux Etats-Unis

J'appelle « sloanisme » cette nouvelle période de l'histoire de l'automobile, du nom d'Alfred Sloan qui de 1923 à 1946 dirigea General Motors (voir encadré 1). Ce groupe estime au début des années vingt qu'il ne peut pas concurrencer Ford dans les modèles de base, du fait de l'expérience de ce dernier et des avantages concurrentiels qu'elle lui confère. Il choisit donc de proposer une gamme complète, en se limitant à un nombre « raisonnable » de modèles différents, pour continuer à bénéficier des économies d'échelle liées à la production de masse. Six segments sont isolés, dont General Motors décide d'occuper la partie haute : il s'agit d'inciter les clients traditionnels du segment à payer un peu plus cher pour des voitures de meilleure qualité, et d'attirer une partie de la clientèle du segment supérieur, en arguant cette fois d'un prix plus avantageux, pour un modèle à peine moins performant.

Pour contrer la Ford T et ses qualités utilitaires, General Motors essaie d'introduire la mode dans l'automobile, de transformer les voitures en « objets-signes » affirmant la personnalité et surtout le statut social de leur propriétaire. Pour cela, la firme met l'accent sur la conception et la commercialisation des produits. Le principe du changement de modèle annuel, essentiellement par la modification de la carrosserie et de l'aspect extérieur du véhicule, naît chez General Motors durant les années vingt (ce principe gouverne la politique commerciale des constructeurs américains au moins jusqu'au milieu des années soixante-dix). Le concept de « style » apparaît chez Cadillac en 1926, et un département spécialisé, nommé « Art et Couleur », est fondé en 1928, au service de l'ensemble de General Motors (la couleur apparaît dans la carrosserie entre 1920 et 1925, grâce aux laques « Duco » de Du Pont de Nemours, aux couleurs intenses et dont le séchage s'opère par cuisson, ce qui permet un gain de temps de production).

L'entreprise affiche une volonté simultanée de standardisation et de différenciation. La standardisation des méthodes de fabrication et des composants « invisibles » (principalement les organes mécaniques) lui permet de faire des économies d'échelle et des gains de productivité. Quant à la différenciation, elle permet dans un premier temps à General Motors de se démarquer de Ford et de le dépasser. Mais, à mesure que la concurrence se stabilise, la différenciation prend un autre sens : elle devient « intertemporelle » et non-concurrentielle. Autrement dit, elle se manifeste davantage par le changement annuel des modèles et le renouvellement fréquent de la gamme que par la volonté de se démarquer des concurrents, et a pour but essentiel de soutenir la croissance du marché, au bénéfice de tous les constructeurs. Le renouvellement annuel démode rapidement les voitures anciennes par un phénomène d'« obsolescence psychologique » (ou, plus simplement dit, par un effet de mode), que le développement du marketing et de la publicité entretient efficacement.

En définitive, le sloanisme est caractérisé par un marché dont la croissance, plus modérée que durant la phase fordiste, est du même ordre de grandeur que celle de l'économie tout entière. Cette croissance régulière, et donc prévisible, dure un demi-siècle, jusqu'au premier choc pétrolier. Pour la soutenir, et c'est là la grande nouveauté, les constructeurs multiplient les innovations mineures et les « restylings », et diminuent la durée de vie (au moins subjective) des voitures. Grâce aux gains de productivité, l'amélioration progressive des produits s'accompagne de la baisse des prix de vente réels.

L'organisation productive du sloanisme est celle du fordisme, celle qu'avait préconisée F. Taylor et perfectionnée H. Ford. Les économies d'échelle augmentent sans cesse et s'étendent à toutes les étapes de la filière de production. Les constructeurs cherchent à contrôler l'ensemble de cette filière, depuis l'assemblage final jusqu'à la fabrication des pièces, voire l'élaboration des matières premières, sans oublier la conception et la commercialisation des véhicules : ils bâtissent et consolident ainsi de vastes « empires ». La concurrence entre eux finit par se stabiliser après la période agitée où General Motors s'installe en tête de l'industrie américaine, qui maintenant se préoccupe surtout d'entretenir ses débouchés et ses marges.

3. Le reste du monde

Jusqu'à la fin de la Seconde Guerre mondiale, l'automobile n'est un phénomène de masse qu'en Amérique du Nord. L'industrie européenne est en phase de constitution, et de transition vers la production et la consommation à grande échelle. Elle cherche à imiter, avec des succès divers et des retours en arrière, le « modèle américain » (voir encadré 2 pour le cas français). Mais elle reste périphérique, et plus qu'elle encore l'industrie japonaise.

3.1. L'Europe

Avant la Seconde Guerre mondiale, l'Europe se caractérise par un marché en croissance, mais très cloisonné géographiquement et dont les volumes restent modestes. Les voitures sont encore traditionnelles, variées et sophistiquées, et leurs prix restent élevés. Simultanément, les constructeurs essaient d'acclimater le taylorisme et de s'intégrer vers la production de pièces et de matériaux, comme Ford et General Motors.

Encadré 2 :
CITROËN, PEUGEOT ET RENAULT

CITROËN

André Citroën crée en 1901 une société pour fabriquer des engrenages à chevrons, qui resteront comme symbole de la firme. Pendant la Première Guerre mondiale, il produit des obus en grande série en s'inspirant des méthodes d'H. Ford, dont il a visité les installations en 1912. A la fin de la guerre, A. Citroën décide de se reconvertir dans les automobiles.

Il lance la 10HP en 1919 et devient dès 1921 le premier constructeur français. En 1929, Citroën produit 500 véhicules par jour, presque autant que Renault et Peugeot réunis. Au début des années trente, les ventes stagnent et les profits diminuent. Citroën réagit en lançant une automobile révolutionnaire en 1934 : la « Traction ». Mais la voiture, dessinée en treize mois seulement, n'est pas au point et se vend mal. Les banques refusent tout nouveau crédit et l'entreprise est mise en liquidation judiciaire en décembre 1934. Michelin prend alors le contrôle de l'affaire. A. Citroën, qui en est écarté en janvier 1935, meurt en juillet.

Michelin assainit la situation de sa nouvelle filiale. En 1937, Citroën reprend à Renault la première place sur le marché français. La 2CV est présentée au Salon de 1948 et la DS sort en 1955. La gamme Citroën reste donc cantonnée aux deux extrêmes du marché et ne comporte pas de voiture moyenne, dont la demande augmente pourtant rapidement. La situation financière recommence à se dégrader à partir de 1955. Or Michelin, face à l'ouverture des marchés étrangers et à l'accroissement de ses dépenses de recherche, veut se recentrer sur les pneumatiques. Il refuse de soutenir financièrement Citroën et le cède finalement à Peugeot en 1974.

PEUGEOT

Jean-Pierre et Jean-Frédéric Peugeot créent en 1810 une usine métallurgique qui fabrique des lames de scie, des baleines de corset, des montures de parapluie, etc. La production de cycles commence en 1885 et la firme assemble ses premières voitures en 1890. La Société des Automobiles Peugeot est fondée en 1896.

L'usine de Sochaux ouvre en 1912. Durant la Première Guerre mondiale, Peugeot produit des automitrailleuses, des voitures, des ambulances, des camions puis des obus. Au cours des années vingt, les productions de Citroën et de Renault dépassent largement celle de Peugeot, dont la situation financière se dégrade peu à peu. En 1929, la firme lance la 201, qui lui permet d'amorcer son redressement.

La 203 sort au Salon de 1948. Elle vise une clientèle plus aisée que ses concurrentes (2CV, 4CV, etc.) : Peugeot assure ses profits avec des modèles relativement coûteux et des séries assez faibles, plutôt que d'essayer de conquérir des parts de marché. La 403, sortie en 1955, dérive de la 203. La 404 la remplace en 1960 et la 204 apparaît en 1965. En 1968, la 504 complète vers le haut la gamme Peugeot. La 304, dérivée de la 204, s'intercale à partir de 1970 entre la 204 et la 404. La 104 sort en 1972 quelques mois après la Renault 5, qu'elle ne parvient pas à contrer. La production de Peugeot baisse en 1974, comme celles de Citroën et de Simca, alors que celle de Renault continue d'augmenter.

La firme sochalienne choisit alors la croissance externe pour atteindre la « taille critique » internationale. En 1974 Peugeot prend le contrôle de Citroën, dont l'intégration dans le nouveau groupe PSA est lente et difficile. Aujourd'hui, plus de 80 % des pièces mécaniques sont communes aux deux marques. Peugeot poursuit son expansion en 1978 en rachetant les filiales européennes de Chrysler, essentiellement Simca dont l'intégration est un échec : malgré sa métamorphose en Talbot, la marque continue de perdre des clients et disparaît en 1985. PSA entre en crise : entre 1979 et 1982, la production chute de 30 %.

Deux nouveaux modèles apparaissent en 1982, qui contribuent au redressement : la Peugeot 205 et la Citroën BX. Les ventes reprennent en 1983 et PSA retrouve les bénéfices en 1985. En 1990, la firme a la meilleure rentabilité de l'industrie automobile mondiale.

RENAULT

La société Renault Frères est créée en 1899 en vue de fabriquer des automobiles. Dix ans plus tard, elle est le premier constructeur français. La Première Guerre mondiale et ses fabrications d'obus, de moteurs d'avions puis de blindés, permettent à Renault d'allonger ses séries et d'expérimenter les méthodes américaines. Durant les années vingt et trente, la firme poursuit sa croissance et son intégration verticale : comme André Citroën, Louis Renault entend devenir l'« Henry Ford français ». Mais il continue de faire fonctionner ses usines durant la Seconde Guerre mondiale et fournit l'armée allemande. Il est arrêté en septembre 1944 et meurt en octobre. L'entreprise est nationalisée en janvier 1945 et devient la Régie Nationale des Usines Renault.

En 1948, elle lance la 4CV, dont le succès permet à la Régie de reprendre rapidement le premier rang des constructeurs français. Le premier choc pétrolier épargne relativement Renault : sa production augmente en 1974, alors que celles de Peugeot, Citroën et Simca faiblissent. Le lancement réussi de la Renault 5 en 1972 explique en partie ces bons résultats. La croissance se poursuit presque continûment jusqu'en 1983. Mais Renault accumule en 1984 et 1985 des pertes supérieures à 20 milliards de francs. La production diminue de 20 % entre 1983 et 1985.

La situation commence à se redresser en 1986, avec un déficit réduit de moitié et une production en hausse. Le bénéfice net de Renault atteint 4 milliards de francs en 1987 et 9 milliards en 1989. En février 1990, une alliance est passée avec Volvo, nécessitant que Renault change de statut et redevienne une société anonyme de droit commun.

Ils doivent en même temps se protéger contre ces derniers qui, comme les Japonais actuellement, tentent de profiter de leurs avantages concurrentiels et de se mondialiser. Comme aujourd'hui, l'Europe a la tentation de se fermer, ce qui provoque l'implantion directe des concurrents sur le Vieux Continent, pour remplacer les importations. Le bilan de cette politique protectionniste paraît finalement positif : l'industrie européenne a survécu à la concurrence américaine, incomparablement plus compétitive, et les filiales européennes de Ford et de General Motors sont maintenant des constructeurs européens à part entière.

Au cours des années vingt, l'Amérique du Nord a fabriqué environ 90 % des automobiles vendues dans le monde. Elle a exporté 10 % de sa production, ce qui lui a permis d'occuper 35 % des autres marchés. L'Europe se protège contre cette « invasion » américaine en élevant des barrières douanières. En 1913, avant que la chaîne de la Ford T soit mécanisée, les droits sur les automobiles importées sont de 9 à 14 % en France, de 4 à 6 % en Italie, de 3 % en Allemagne et nulles au Royaume-Uni. Ils atteignent 45 % aux Etats-Unis, dont l'industrie est encore faible. Après la Première Guerre mondiale et l'apparition des chaînes mécanisées outre-Atlantique, les pays européens protègent leur industrie en relevant les taxes. En 1929, les voitures importées sont taxées à 45 % en France, 6 à 11 % en Italie, 20 % en Allemagne et 33 % au Royaume-Uni. La crise des années trente entraîne encore un relèvement des barrières douanières : en 1932 elles atteignent 45 à 70 % en France, 18 à 123 % en Italie, 25 % en Allemagne et restent à 33 % au Royaume-Uni. Dans le même temps aux Etats-Unis, les taxes sur les automobiles étrangères sont ramenées de 45 % en 1913 à 10 % en 1932.

Pour éviter les taxes, les Américains s'implantent en Europe. Ford ouvre une nouvelle usine à Dagenham, en Angleterre, en 1931, inspirée du complexe de Rouge River. General Motors crée des usines plus petites à Cologne (1931) et Strasbourg (1934). Il prend surtout le contrôle de l'Anglais Vauxhall (1921) et du premier constructeur allemand, Opel (1929), après l'échec de négociations pour le rachat de 50 % de Citroën en 1919.

Le marché européen est toutefois réduit et très compartimenté. Il ne connaîtra sa véritable expansion qu'après la Seconde Guerre mondiale. Les constructeurs américains estiment d'ailleurs que des voitures fabriquées aux Etats-Unis et importées en Europe reviennent moins cher que celles qui sont montées dans les usines locales les plus modernes, ne bénéficiant pas des mêmes économies d'échelle. Aujourd'hui les Japonais estiment de même qu'il est moins cher de fabriquer au Japon et d'exporter, que de fabriquer en Europe ou en Amérique : ils s'implantent dans ces zones pour des raisons surtout commerciales et politiques.

3.2. Le Japon

Dans les années vingt, les constructeurs américains s'implantent aussi au Japon : Ford en 1925 à Yokohama, et General Motors en 1927 à Osaka, pour assembler des « kits » importés de Detroit. Jusqu'aux années trente, l'industrie automobile du Japon est entièrement dominée par les Américains : de 1926 à 1935, 95 % de voitures immatriculées dans ce pays sont étrangères.

Mais l'armée, qui a besoin de camions pour occuper la Mandchourie à partir de 1931, voudrait qu'ils soient japonais et souhaite expulser Ford et General Motors du pays. Le gouvernement demande alors aux grands conglomérats, comme Mitsui, Mitsubishi et Sumitomo, d'entrer dans l'industrie automobile. Mais ils refusent, car ils ne croient pas en la viabilité de constructeurs japonais face à la domination américaine. Une loi est alors passée en 1936, pour favoriser le développement de nouvelles firmes indépendantes et gêner les Américains, qui sont obligés d'abandonner leurs filiales en 1939. Après cette date, la totalité des voitures vendues au Japon est fabriquée par Toyota, Nissan et Isuzu.

4. Les « trente glorieuses » de l'après-guerre

4.1. De 1930 à 1946 : transition

La production des Etats-Unis atteint en 1929 un maximum qui ne sera pas dépassé avant 1949, avec 5,3 millions de véhicules, suivi d'une chute à 1,3 millions en 1932. Le marché reprend lentement vers 1935 où la production atteint à nouveau presque quatre millions de véhicules. En 1937, grâce à l'industrie européenne moins affectée par la crise, la production mondiale retrouve pratiquement son niveau record de 1929 : un peu plus de six millions de véhicules. Survient alors la Seconde Guerre mondiale. Cette période tragique « brouille » le jeu du sloanisme pour un temps. Mais il reprend après la guerre et s'étend dans le monde entier.

4.2. *Les années cinquante*

4.2.1. L'Europe

La production européenne reste fragmentée entre les pays à l'issue de la guerre. Les conditions de marché sont elles-mêmes fort diverses, du fait de la disparité des revenus et des fiscalités sur les automobiles et les carburants. Les options techniques choisies par les constructeurs sont multiples : carrosserie monocoque ou système châssis-caisse, traction avant ou propulsion, moteur à l'avant ou à l'arrière, diesel ou essence, etc. A la même époque, les Américains produisent pratiquement tous des voitures à essence à propulsion, animées par de gros moteurs à six ou huit cylindres placés à l'avant. Mais la diversité des voitures, qui porte surtout sur la ligne et les accessoires, est assurément plus sensible pour le consommateur aux Etats-Unis qu'en Europe, d'autant que les échanges intra-européens sont encore faibles, ce qui limite l'offre de voitures étrangères dans chaque pays.

Le choix proposé à chaque consommateur européen des années cinquante n'est donc guère supérieur à celui de l'acheteur américain dans les années dix et vingt. Comme l'Amérique durant cette période, l'Europe connaît au début de sa reconstruction une phase d'équipement massif, et une croissance très rapide du marché des petites voitures. De 1946 à 1960, le nombre des immatriculations annuelles est multiplié par trois aux Etats-Unis. Mais il est multiplié par dix dans les quatre principales nations européennes (Allemagne, France, Italie et Royaume-Uni) : les années cinquante sont celles d'autant de « fordismes nationaux » qu'il y a de grands pays en Europe. Quelques modèles populaires, produits durant plusieurs décennies, symbolisent cette période : la « Coccinelle » de Volkswagen, la 2CV de Citroën ou la Renault 4CV (toutes trois à l'étude dès la guerre, voire l'avant-guerre : chez Volkswagen depuis 1934, chez Citroën depuis 1935 et depuis 1940 chez Renault).

4.2.2. Les Etats-Unis

Les années cinquante sont celles des « belles Américaines » à la mécanique standardisée et aux formes exubérantes. Les modèles sont renouvelés chaque année, et plusieurs versions de carrosserie sont généralement proposées : cabriolet (« convertible »), coupé (« hard-top »), berline (« sedan »), etc. Plus que jamais, l'automobile est aux Etats-Unis un « objet-signe » facteur de différenciation sociale.

Les innovations sont généralement marginales, mais l'après-guerre voit tout de même quelques nouveautés importantes, comme la boîte de vitesses automatique qui rend la conduite plus agréable (la première voiture automatique est l'Oldsmobile Hydra-Matic de 1940). Dès 1955, 70 % des nouvelles voitures vendues aux Etats-Unis sont automatiques ; elles sont 80 % en 1957.

A la fin de la décennie cinquante, le commerce international des automobiles est assez restreint : l'industrie et le marché japonais sont marginaux ; les constructeurs américains sont implantés en Europe pour servir les marchés locaux et n'exportent pas à travers l'Atlantique ; enfin les Européens, qui de toute manière ont des marchés nationaux en pleine expansion, ne sont pas encore capables de concurrencer les Américains chez eux.

4.3. Les années soixante

4.3.1. L'Europe et le développement du commerce international

Les fordismes européens atteignent leur limite plus vite qu'en Amérique, du fait de la taille plus faible des marchés. Mais le passage au sloanisme et à la différenciation des produits au milieu des années soixante est plus progressif qu'il l'a été aux Etats-Unis : les possibilités d'améliorations techniques sont mieux connues et l'ouverture des frontières permet de soutenir « mécaniquement » la demande pendant un temps, en étendant le marché potentiel de chaque firme.

Peu à peu, le marché des petites voitures simples se sature. Les classes moyennes et aisées possèdent désormais des automobiles. En France, le taux d'équipement rattrape son niveau d'avant-guerre en 1950. En 1954, 20 % des ménages (mais seulement 8 % des ouvriers) ont une voiture. Ils sont 50 % en 1967 et environ 70 % dans les années soixante-dix. Les constructeurs européens différencient alors leurs modèles pour toucher plus de gens et étendent leur gamme vers le haut pour suivre la hausse générale du niveau de vie. Contrairement aux Américains, ils choisissent de monter en gamme et de faire « vivre » longtemps chaque modèle, plutôt que de renouveler fréquemment ces modèles. Leur production est en effet encore loin d'atteindre les volumes des firmes de Detroit ; or le changement annuel de modèle, même s'il se limite à l'aspect, nécessite de très grandes séries pour amortir assez vite les investissements en outillages nouveaux.

La croissance de la production des années soixante provient aussi de l'augmentation des exportations entre pays d'Europe et vers les Etats-Unis, alors que les importations d'origine extra-européenne restent négligeables. Les barrières douanières intra-européennes commencent à tomber à la fin des années cinquante, pour s'annuler une dizaine d'années plus tard avec la création du Marché Commun (en 1968 pour la France, l'Allemagne et l'Italie, et seulement en 1978 pour le Royaume-Uni).

Le développement de la grande exportation, favorisé par une baisse générale des tarifs douaniers entre 1950 et 1973, profite dans un premier temps aux firmes européennes, qui vendent des voitures plus petites que leurs concurrents américains, moins chères à l'achat et consommant moins de carburant, et donc mieux adaptées au marché des pays à niveau de vie relativement bas.

Mais elles parviennent également à s'imposer aux Etats-Unis mêmes : la part de marché des voitures européennes augmente brusquement à la fin de la décennie cinquante, passant de 0,8 % en 1955 à 10 % en 1959. Les constructeurs européens profitent de la récession américaine de 1958 qui favorise leurs petites voitures. Ils créent un nouveau segment aux Etats-Unis, celui des automobiles « compactes » dont le symbole est la Volkswagen « Coccinelle » (que les Américains nomment « Beetle », scarabée). Leur part de marché se maintient à près de 8 % en moyenne de 1958 à 1975. Cette période voit une vive concurrence aux Etats-Unis entre Européens et Américains sur les petites voitures : en sortant leurs propres modèles compacts, les seconds regagnent peu à peu des parts de marché, qu'ils voient ensuite s'effriter au profit des premiers. Ceux-ci passent de 10 % du marché en 1959 à 5 % en 1962, et à nouveau 10,5 % en 1970. Puis leur part redescend régulièrement, jusqu'à 5 % en 1990, pendant que les constructeurs japonais commencent leur conquête du marché américain, à partir du début des années soixante-dix.

Notons pour terminer que si la pénétration européenne aux Etats-Unis est un des phénomènes remarquables de la décennie soixante, l'absence d'un flux inverse, de l'Amérique vers l'Europe, n'a rien d'étonnant : les constructeurs du Nouveau Monde sont depuis longtemps implantés dans l'Ancien et leurs filiales européennes, dont la part de marché est bien supérieure à celle des Européens outre-Atlantique, sont considérées comme des entreprises locales (General Motors et Ford détiennent 23,5 % du marché européen en 1990).

4.3.2. La renaissance de l'industrie automobile japonaise

L'autre phénomène important de la décennie soixante est la croissance de l'industrie automobile nipponne, encore sans grande conséquence sur la situation mondiale. La production japonaise, quasiment nulle à la fin de la guerre, augmente très modérément au cours des dix années suivantes. Elle est d'environ 50 000 véhicules en 1953 et dépasse à peine 100 000 véhicules en 1956.

A l'exception de Honda, tous les constructeurs japonais ont été fondés avant la Seconde Guerre mondiale. Nissan, Toyota et Isuzu ont débuté dans la mécanique et les poids lourds. Fuji Heavy Industries (marque Subaru) et Mitsubishi Motors ont construit des avions pendant la guerre, et ont abordé les véhicules terrestres juste après. Mazda et Daihatsu sont passés de la mécanique de précision à l'automobile durant les années cinquante. Ces firmes ne se lancent donc pas dans la fabrication de voitures sans la longue pratique d'un bon nombre des métiers nécessaires (métallurgie, mécanique, motorisation, etc.).

Les premières années sont malgré tout difficiles, marquées par des difficultés financières et de graves conflits sociaux. Les syndicats sont en effet autorisés en 1945 par le gouvernement d'occupation américain et remportent un immense succès : de 400 000 membres en décembre 1945, ils passent à 3,7 millions d'adhérents six mois plus tard. Le « Zenji » est fondé en 1947 pour l'industrie automobile. L'inflation et le faible niveau de la demande mettent les constructeurs en difficulté à la fin des années quarante. Ils licencient massivement : un cinquième des effectifs de Nissan en 1949, un tiers de ceux de Toyota en 1950.

Mais la guerre de Corée, de 1950 à 1953, est véritablement une chance pour l'industrie automobile japonaise, à qui les Américains commandent de nombreux véhicules militaires (en France, la Première Guerre mondiale a de même profité à Renault et à Citroën, qui ont effectué à cette occasion leurs premiers essais de production de masse, notamment d'obus). L'embauche reprend et les salaires remontent, mais les constructeurs estiment que la situation n'est pas « assainie ». L'opposition du syndicat se durcit, et de grandes grèves éclatent en 1953, particulièrement chez Nissan où elles durent cinq mois, dont trois de « lockout » complet. La firme résiste avec l'aide du patronat et des banques, et le soutien de ses concurrents qui s'engagent tacitement à ne pas profiter de la situation. Le « Zenji » est finalement brisé, et dissout en 1954. Il est remplacé par de nouveaux syndicats d'entreprise, qui acceptent de voir baisser les salaires et de collaborer pour améliorer la productivité, en échange de l'emploi à vie et d'un certain pouvoir dans la gestion sociale de la firme.

Pour les aider à se développer, les constructeurs nippons appellent leurs confrères européens, dont les produits sont mieux adaptés aux routes japonaises que les voitures américaines. Nissan passe par exemple un accord avec Austin en 1952, et Isuzu avec Hillman. Hino s'allie avec Renault et commence à produire en 1953 une copie de la 4CV, qui a un grand succès auprès des chauffeurs de taxis. De son côté, le gouvernement japonais instaure une taxe de 40 % pour limiter les importations. Celles-ci couvrent 45 % du marché intérieur en 1951, 23 % en 1954, 9 % en 1955 et à peine 1 % en 1960. Les taxes atteignent encore 30 % en 1968, mais seulement 6 % en 1973. Elles ont disparu en 1978.

Jusqu'à la fin des années soixante, la production est essentiellement destinée au marché local, très homogène, et dont la croissance est très rapide. Pendant les années soixante, la production japonaise dépasse successivement celle de tous les grands pays d'Europe : celle de l'Italie est atteinte en 1961, celle de la France en 1964, celle du Royaume-Uni en 1966, celle de l'Allemagne en 1967. Finalement le Japon devient le premier producteur mondial en 1980 (figure 3).

Figure 3 :
LA CROISSANCE DE LA PRODUCTION JAPONAISE (millions de VP + VU)

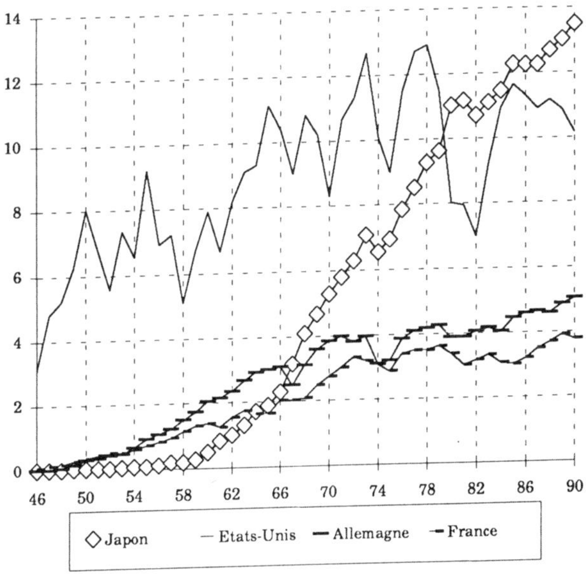

Source : CCFA.

Le monde de l'automobile est dominé par l'Amérique avant la Seconde Guerre mondiale. De 1946 à la fin des années soixante, avec l'émergence de l'Europe, il devient bipolaire. Le troisième pôle, le Japon, acquiert une importance mondiale durant les années soixante et soixante-dix. Mais les trois zones interagissent encore assez peu : le sloanisme est aussi caractérisé par l'indépendance de ces zones.

4.4. De la fin des années soixante à 1973 : la fin d'une époque

La vocation internationale de l'industrie japonaise s'affirme au milieu des années soixante, et le contact avec l'Amérique favorise sa mutation. Les exportations atteignent 100 000 véhicules en 1963 et 1 million en 1970. La part de marché des Japonais aux Etats-Unis est d'à peine 1 % en 1967-1968. Mais la production américaine plafonne dès 1965, alors que les immatriculations continuent d'augmenter : le segment bas du marché est en effet seul à se développer, et il est dominé par les étrangers, Européens puis Japonais. La part de marché de ces derniers est de 6 % en 1973, première année où les importations dépassent 15 % des ventes. Les voitures japonaises se sont d'abord imposées aux Etats-Unis grâce à leur prix attractif qui compensait une médiocre qualité, mais leurs constructeurs se sont peu à peu orientés vers des modèles mieux équipés et plus performants. Grâce à leur productivité, les Japonais vendent ces voitures à un prix proche de celui des modèles plus simples de leurs concurrents.

Pendant que les constructeurs japonais se développent en Amérique et s'adaptent à la croissance sloaniste qui y règne, le marché et la production continuent d'augmenter en Europe, dont l'industrie automobile s'installe aussi dans le sloanisme. Comme en Amérique, après l'ouverture des frontières internes de l'Europe la concurrence est modérée entre des firmes de plus en plus intégrées, dont la diversité des produits a pour but essentiel d'entretenir la croissance du marché.

Aux Etats-Unis la logique de « différenciation intertemporelle », qui pousse au renouvellement accéléré des véhicules, atteint son apogée. La durée de vie moyenne d'une voiture passe de neuf ans en 1946, à moins de six ans dans les années soixante et au début des années soixante-dix. La production de véhicules particuliers et utilitaires dépasse douze millions d'unités en 1973. Mais elle chute dès 1974 et ne dépassera à nouveau douze millions qu'en 1977 et 1978. La durée de vie des voitures recommence à croître à partir de 1973, pour atteindre sept ans et demi en 1985.

La consommation de masse finit donc par atteindre ses limites dans la deuxième moitié des années soixante-dix. Le marché de l'automobile se sature progressivement, en même temps qu'il se mondialise sous l'impulsion des Japonais. Simultanément, le système de production entre en crise : les bureaux d'études ne parviennent plus à améliorer à bon compte les voitures, alors que dans les usines éclatent les contradictions du taylorisme. Mais avant d'analyser cette crise et ses conséquences, il faut examiner précisément la situation présente de l'industrie automobile mondiale.

II

LES GRANDS ÉQUILIBRES

« Montrons donc le Parthénon et l'auto afin qu'on comprenne qu'il s'agit ici, dans des domaines différents, de deux produits de sélection, l'un ayant abouti, l'autre étant en marche de progrès ».

Le Corbusier, *Vers une architecture*

I. INTRODUCTION

L'automobile forme une « filière » industrielle très étendue, partant des producteurs de matériaux (en « amont ») et aboutissant aux constructeurs puis aux consommateurs finaux (en « aval »).

D'autres acteurs interviennent dans le « système automobile » (l'expression est d'E. de Banville et J.-J. Chanaron).

Tout d'abord, entre les constructeurs et leurs clients se trouvent la distribution, le service après-vente, la réparation, etc. Mais ces « segments » de la filière sont largement contrôlés par les constructeurs, du fait des liens financiers directs ou simplement des rapports de force réciproques.

Le rôle des Etats n'est pas négligeable non plus : ils prennent des réglementations qui pèsent sur la définition du produit (normes de sécurité ou de pollution, voire de dimensions), règlent les échanges commerciaux par des barrières douanières, contrôlent l'implantation des firmes étrangères et entretiennent le réseau routier. La fiscalité, variable suivant la puissance ou le niveau de pollution, influence les caractéristiques des voitures et constitue une importante source de revenus pour l'Etat : selon le Comité des Constructeurs Français d'Automobiles (CCFA), le produit des taxes et redevances spécifiques à l'automobile représentait 127 milliards de francs en 1988 (taxes sur les carburants pour près de 70 %, péages, vignette, etc.), sur un total des recettes fiscales de 1 280 milliards.

Il faudrait également préciser le rôle des financiers et des banques, particulièrement important en Allemagne et au Japon, ou celui des syndicats. Mais on analysera surtout ici les firmes industrielles, dont le comportement est le sujet principal de cet ouvrage, et tout d'abord leur marché final, qui au fond détermine la dynamique d'ensemble du système.

II. LA DEMANDE

1. Le budget de transport des ménages

Dans les pays industrialisés, les ménages consacrent une part importante de leur budget à l'acquisition de voitures et à leur entretien. En France, l'achat de véhicules consomme un peu plus de 4 % du revenu disponible (4,3 % en 1990). Il en utilisait à peine 3 % avant le premier choc pétrolier : en moyenne 2,8 % entre 1970 et 1975. Cette moyenne est passée à 3,8 % sur la période 1976-1990, et même à 4,1 % entre 1987 et 1990, preuve de l'accroissement constant du prix relatif des automobiles.

On constate en effet, en comparant le prix moyen des voitures en France avec le produit intérieur brut (PIB), une évolution parallèle entre 1970 et 1975 mais une divergence ensuite. De 1975 à 1989, le PIB en francs constants a été multiplié par 1,5, alors que le prix des automobiles l'a été par 2,1. Ce dernier a donc crû au rythme moyen de 5,5 % par an (hors inflation), contre 2,9 % seulement pour le produit intérieur brut.

Quant aux dépenses d'entretien et d'utilisation (carburant, réparation, pneumatiques, assurance, péages, stationnement, etc.), elles ont augmenté moins vite mais représentent pratiquement le double des dépenses d'acquisition (environ 8 % du revenu disponible des ménages). Au total, l'automobile absorbe 12 à 13 % du budget des Français (contre à peine 2 % pour les transports collectifs).

2. Les ventes annuelles

On ne s'intéresse dans la suite qu'au marché des voitures neuves, qui viennent augmenter le « parc automobile » d'un pays et sont les seules à contribuer directement au chiffre d'affaires de l'industrie automobile. Il fáut pourtant savoir que les transactions sont bien plus nombreuses sur le marché de l'occasion que sur celui du neuf. En France par exemple, on a vendu en 1990 environ 2,1 fois plus de voitures d'occasion que de voitures neuves (4,8 millions contre 2,3 millions).

Depuis quelques années, le marché mondial de l'automobile est proche de 50 millions d'unités par an, dont environ 36 millions de voitures particulières (VP) et 14 millions de véhicules utilitaires (VU).

Voyons comment il se décompose dans les trois principales zones développées du monde : l'Europe de l'Ouest, les Etats-Unis et le Japon.

2.1. L'Europe

On a vendu 13,2 millions de voitures particulières en Europe occidentale en 1990 et 13,5 millions en 1991. L'Allemagne est de loin le premier marché national du continent, avec 3,1 millions de voitures vendues en 1990 (dans l'ancienne Allemagne de l'Ouest uniquement). Le rattrapage en cours à l'est entraîne une « explosion » momentanée des ventes : 4,1 millions de véhicules en 1991, après quoi la demande devrait se stabiliser autour de 3,5 millions d'unités par an. On trouve ensuite trois marchés de taille comparable, avec 2 millions de véhicules environ : l'Italie (2,3 millions en 1990 et 1991), la France (2,3 millions en 1990 et 2 millions en 1991) et le Royaume-Uni (2 millions en 1990 et 1,6 millions en 1991). Ces quatre pays absorbent près de trois quarts des voitures vendues en Europe. En leur ajoutant l'Espagne (0,9 million de véhicules en 1990 et 1991), on arrive à 80 % du marché.

Celui-ci est dominé par six groupes : Volkswagen, Fiat, Peugeot SA, General Motors Europe, Ford Europe et Renault (figure 4). Pris ensemble, les Japonais ont une part de marché comparable à celle de ces constructeurs, avec 11,6 % en 1990. Mais le premier d'entre eux, Nissan, détient à peine 3 % du marché européen (2,9 % en 1990 et environ 3,3 % en 1991) ; les suivants sont Toyota (2,7 % en 1990), Mazda (2,1 %), Mitsubishi (1,3 %) et Honda (1,2 %). Le reste du marché est occupé par des firmes telles que Mercedes Benz (3,3 % en 1990), Rover (2,9 %), BMW (2,7 %) ou Volvo (1,8 %). En France, les constructeurs nationaux réalisent environ 60 % des ventes (Peugeot SA : 33 % en 1990, Renault : 28 %) ; les premiers importateurs sont Volkswagen (10 % du marché en 1990), Fiat (7 %), Ford (7 %) et General Motors-Opel (5 %).

Figure 4 :
LE MARCHÉ DE L'AUTOMOBILE EN EUROPE DE L'OUEST EN 1990 [1]
(% du nombre de véhicules)

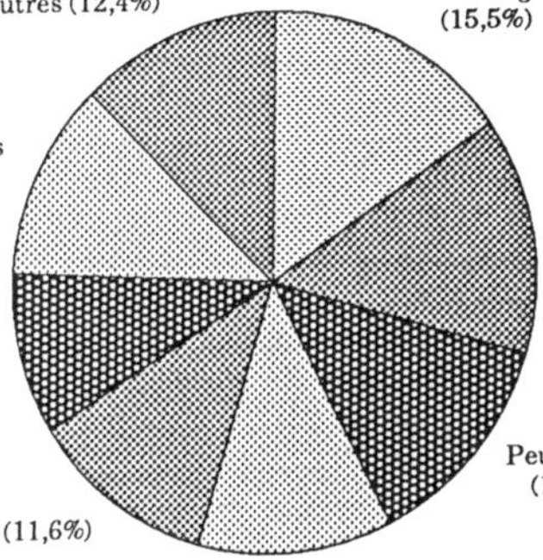

Source : CCFA.

Depuis plusieurs années, la voiture la plus vendue en Europe est la Volkswagen Golf, qui est la seule à occuper plus de 5 % du marché (5,5 % en 1990). Elle est suivie en 1990 par la Ford Fiesta, la Fiat Uno, l'Opel Kadett (4,5 % pour chacun de ces véhicules), la Peugeot 205 (3,8 %) et l'ensemble formé par la Renault 5 et sa remplaçante, la Clio (3,5 %) : on retrouve aux six premières places du marché un modèle de chacun des six grands groupes d'automobiles européens. Les voitures suivantes sont l'Opel Vectra et la Renault 19 (3,1 % chacune), la Ford Escort (2,8 %) et la Fiat Tipo (2,6 %). Ces dix modèles représentent 38 % du marché européen ; les

1. Estimations 1991 : Volkswagen 16,5 %, Fiat 12,7 %, Peugeot SA 11,6 %, GM 12,3 %, Ford 12,2 %, Renault 9,8 %, Japonais 12,6 %, autres 12,3 %.

quinze premiers en occupent un peu moins de la moitié (49 %). La première Japonaise est la Toyota Corolla, vingt-cinquième du classement 1990 avec 1,2 % des ventes.

2.2. Les Etats-Unis

Le marché américain, soit 9,3 millions de voitures en 1990, est dominé par les « Big Three » de Detroit : General Motors, Ford et Chrysler en occupent environ les deux tiers (figure 5). Mais les Japonais en tiennent presque 30 %, et Honda a pris en 1991 la troisième place de Chrysler ; en 1990, ce dernier a vendu seulement 6 000 voitures particulières de plus que le Japonais, sur un total de 861 000. 30 % des voitures japonaises vendues aux Etats-Unis en 1990 étaient produites sur place. Parmi les dix modèles les plus vendus en 1990 (41 % du marché), on trouve six General Motors, deux Ford, une Honda (l'Accord, en deuxième position avec 5,5 % du marché) et une Toyota.

En plus des voitures proprement dites, le marché américain se caractérise par d'importantes ventes de véhicules utilitaires légers (les « light trucks »), comme les « tout-terrain » ou les « pick-ups », soit 4,6 millions d'unités en 1990 qu'on pourrait ajouter aux 9,3 millions de voitures particulières. Ce segment très lucratif est protégé par des barrières douanières, et les constructeurs américains le dominent encore à près de 85 % (en 1990 : General Motors 35 %, Ford 30 % et Chrysler 18 %).

2.3. Le Japon

Cinq millions de nouvelles voitures ont été immatriculées en 1990 sur le marché japonais, que Toyota domine largement. Nissan est second, suivi de trois constructeurs « moyens », Honda, Mazda et Mitsubishi Motors, et de plusieurs « petits », Daihatsu, Suzuki, Fuji Heavy Industries et Isuzu (figure 6). Les dix modèles les plus vendus en 1990 n'ont occupé que 31 % du marché, ce qui montre bien la multiplicité de l'offre. On trouvait dans cette liste trois Nissan, deux Toyota, deux Honda, une Mazda, une Mitsubishi et une Daihatsu. Environ 4 % des voitures sont importées, dont 60 % en provenance d'Allemagne. Citroën a vendu 6 100 voitures au Japon en 1990, Peugeot 5 400 et Renault 2 500.

Figure 5 :
LE MARCHÉ DE L'AUTOMOBILE AUX ÉTATS-UNIS EN 1990
(% du nombre de véhicules)

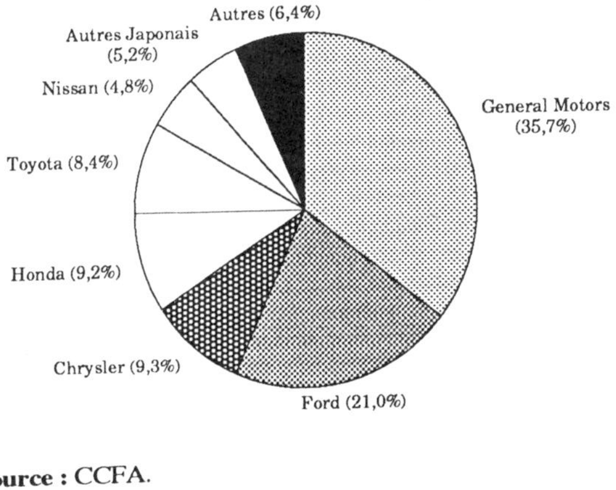

Source : CCFA.

3. Le parc automobile

Les voitures neuves vendues chaque année s'ajoutent au stock accumulé, le « parc automobile », dont on enlève les véhicules mis au rebut (les voitures d'occasion changent quant à elles de main sans modifier le parc). En rapportant le volume du parc automobile à la population d'un pays, on obtient son « taux de motorisation », mesuré en nombre de voitures pour mille habitants.

La hiérarchie des taux de motorisation correspond grossièrement à celle des PIB par habitant, comme le montre la figure 7. On observe toutefois que l'Amérique du Nord est particulièrement bien « motorisée » : 546 voitures pour mille habitants en 1988 aux Etats-Unis, ce qui constitue le record mondial, et 454 au Canada. L'Amérique du Nord est suivie par l'Europe occidentale : 470 voitures pour mille habitants en Allemagne de l'Ouest, 421 en Suisse, 406 en Suède, 403 en Italie, 398 en France, 363 au Royaume-Uni, 351 aux Pays-Bas, 310 au Danemark, 210 en Irlande, 141 en Grèce, etc. Les Japonais possèdent encore relativement peu de voitures, comparativement à leur richesse nationale : 247 pour mille habitants, soit un taux intermédiaire entre ceux de l'Espagne (265) et de Chypre (214).

Figure 6 :
LE MARCHÉ DE L'AUTOMOBILE AU JAPON EN 1990
(% du nombre de véhicules)

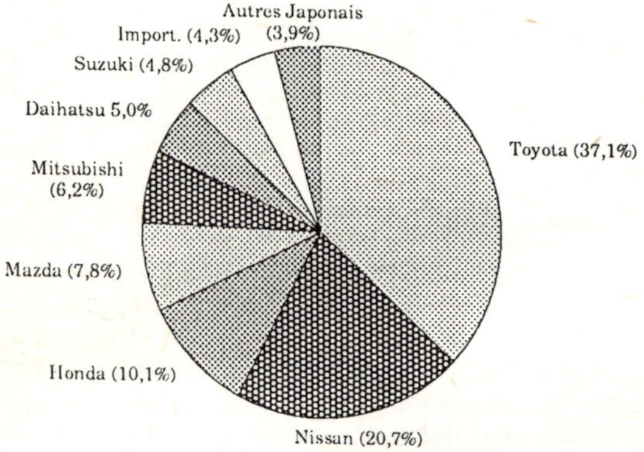

Source : CCFA.

Figure 7 :
CORRÉLATION ENTRE LE TAUX DE MOTORISATION ET LE PIB PAR HABITANT (1988)

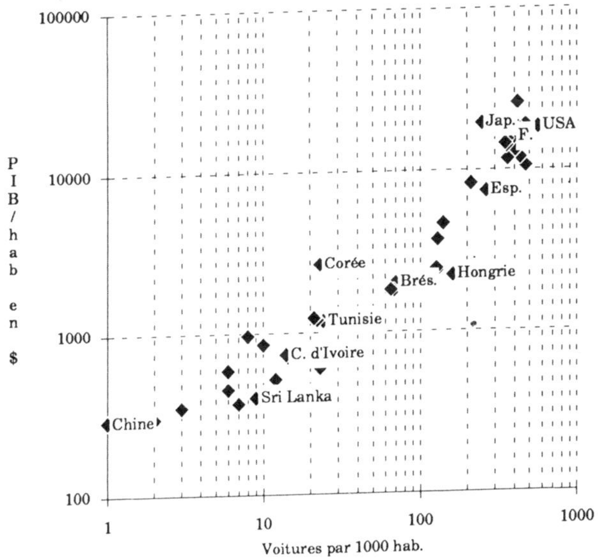

Sources : CCFA, OCDE, BIRD.

On peut également évaluer l'équipement d'un pays en automobiles en mesurant le taux d'équipement des ménages. On constate alors dans les nations les plus développées que la saturation est très proche. Ainsi en France, 75 % des ménages possèdent au moins une automobile, et ce taux est stable depuis 1985-1986. Il dépasse 90 % pour les cadres, les professions libérales, les commerçants, les industriels et les agriculteurs, et il est d'autant plus élevé que la commune est plus petite : 80 % des ménages dans les villes de moins de 20 000 habitants sont motorisés, mais seulement 70 % dans les agglomérations de plus de 100 000 habitants et 50 % dans la ville de Paris. La croissance durable du marché passe donc par la résolution des problèmes de circulation urbaine, mais aussi par le développement de la multi-motorisation : en 1980, 17 % des ménages français possédaient au moins deux automobiles ; ils étaient 25 % en 1990, et ce taux continue d'augmenter.

4. La segmentation des marchés

Dans chaque pays, le marché de l'automobile est découpé en catégories commerciales ou « segments ». On compte en Europe quatre catégories principales : le segment « B » des « petites » voitures (telles les Peugeot 106 et 205, la Renault Clio ou la Citroën AX), le segment « M1 » des « moyennes inférieures » (Renault 19, Peugeot 309, Citroën ZX, etc.), le segment « M2 » des « moyennes » (Citroën BX, Peugeot 405, Renault 21, etc.) et les « grosses » du segment « H » (comme la Renault 25, la Citroën XM ou la Peugeot 605). On distingue aussi un segment « A », en régression, pour les voitures « économiques » (comme la Renault 4, la Citroën 2CV ou la Fiat Panda).

En France, le segment B représente aujourd'hui 40 % du marché, deux fois plus qu'en 1975. A l'inverse, le segment A a pratiquement disparu. Les voitures de haut de gamme ont également perdu du terrain, mais cette constatation ne contredit en rien l'affirmation couramment entendue d'une « montée en gamme ». Celle-ci s'est en effet produite dans chaque segment : une voiture moyenne d'aujourd'hui vaut largement par ses performances et son confort un véhicule de haut de gamme d'il y a quinze ou vingt ans (il suffit de comparer par exemple une Renault 16, ancien haut de gamme de la marque française, avec ses modèles intermédiaires d'aujourd'hui, Renault 21 ou même Renault 19).

Les segments A et B occupent 33 % du marché ouest-européen en 1990, le segment M1, 30 %, le segment M2, 23 %, et le segment H, 14 %. Les constructeurs français sont particulièrement bien implantés dans le bas du marché (un tiers des segments A et B), tout comme les Italiens, très peu présents en haut de gamme (27 % des segments A et B, mais seulement 7 % du segment H). Les Allemands dominent largement cette dernière catégorie (près de 50 % du segment H).

L'opposition entre diesel et essence constitue une autre segmentation du marché. En Europe, environ 15 % des voitures particulières et commerciales vendues depuis 1984-1985 sont équipées d'un moteur diesel. En 1990 elles étaient 14,1 %, et par pays : 33 % en France, 32 % en Belgique, 11 % en Allemagne, 7 % en Italie, 6 % au Royaume-Uni et 3 % en Suisse.

Les catégories décrivant le marché américain sont assez différentes de celles qu'on utilise en Europe. Les segments « subcompact » (20 % des ventes en 1989) et « compact » (41 %) recouvrent la presque totalité des voitures européennes, à l'exception des automobiles de luxe, qui entrent dans le segment « luxury » (9 %). Quant aux segments « intermediate » (19 %) et surtout « full » (11 %), ils désignent des véhicules d'un format quasiment inconnu en Europe. Ils forment d'ailleurs un quasi-monopole des constructeurs locaux (qui contrôlent 92 % de ces segments), alors que les Japonais occupent plus de la moitié du segment « subcompact » (contre moins d'un quart pour les Américains). Les Européens sont surtout présents dans le segment « luxury », dont ils tiennent environ 10 %.

III. L'INDUSTRIE AUTOMOBILE DANS LES ÉCONOMIES DÉVELOPPÉES

1. La filière technique

Schématiquement, les automobiles sont composées d'une carrosserie, incluant l'habitacle, et de systèmes mécaniques (moteur, boîte de vitesses et liaisons au sol). La filière technique part des matières premières, essentiellement métalliques, comprend deux segments principaux, la carrosserie et la mécanique, qui se rejoignent en un troisième, l'assemblage final des véhicules. Ils faut y ajouter un ensemble de fabrications annexes, celles des équipements destinés à chacun des segments principaux de la filière.

La réalisation des carrosseries comporte tout d'abord l'emboutissage de tôles minces d'acier, qui sont de plus en plus fréquemment revêtues d'une couche de zinc les protégeant contre la corrosion (45 % des tôles utilisées par Renault sont ainsi traitées). Elles sont soudées dans l'atelier de tôlerie, bien souvent par des robots, afin d'obtenir des « caisses en blanc » qu'on peint dans des lignes en général automatisées. Les systèmes mécaniques sont constitués de pièces métalliques de forge ou de fonderie, le plus souvent en fonte ou en aluminium. Ces pièces sont usinées sur des lignes mécanisées avant d'être assemblées, et de recevoir de nombreux accessoires et équipements : pompes, capteurs, joints, courroies, etc. L'assemblage final consiste à munir les caisses peintes des sièges, de la planche de bord et des pare-chocs, des glaces, des câbles et des équipements électriques, etc., et à y placer les ensembles mécaniques. Ces tâches sont essentiellement manuelles.

La figure 8 montre la succession de ces opérations. Elle indique également qui les effectue : les constructeurs d'automobiles possèdent des usines de carrosserie et de montage final (qui cohabitent sur des sites communs), des usines de mécanique (usinage et assemblage), des forges, des fonderies et des fabrications d'accessoires. Les « équipementiers » produisent des pièces eux-mêmes et recourent pour le reste à des sous-traitants, tout comme les constructeurs pour certains composants. Signalons enfin que les voitures usagées constituent un important gisement de matériaux, notamment de vieux métaux, auxquels l'industrie s'intéresse de plus en plus.

Figure 8 :

LA FILIÈRE TECHNIQUE DE L'AUTOMOBILE

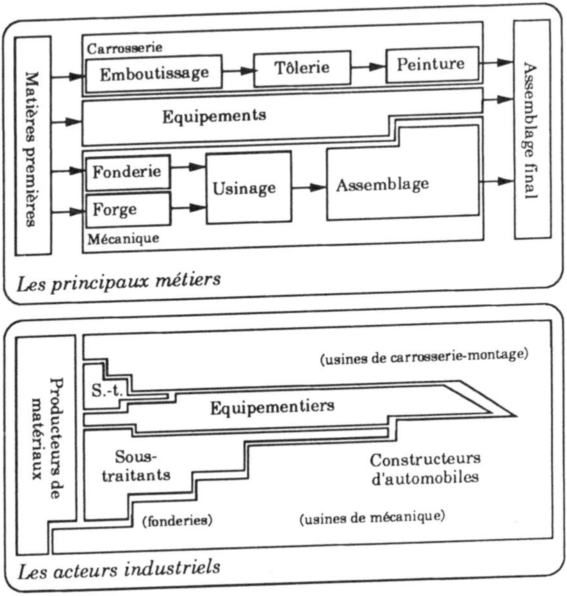

2. La main-d'œuvre

Les usines de « carrosserie-montage » (de l'emboutissage à l'assemblage) abritent l'essentiel du personnel de production des constructeurs d'automobiles : 70 % en France, et 30 % pour le montage proprement dit.

Les usines de mécanique emploient environ un quart de la main-d'œuvre (23 %), et le reste (7 %) travaille dans les fonderies [1].

Chez Renault on comptait par exemple, à la fin de 1990, 9 300 personnes à Flins (assemblage des Clio), 7 700 à Sandouville (Renault 21 et 25), 6 300 à Douai (Renault 19), près de 6 000 à Cléon et au Mans (fonderie et mécanique), et seulement 900 aux Fonderies du Poitou. La plus grande concentration industrielle d'Europe reste, et de loin, Volkswagen Wolfsburg avec plus de 60 000 salariés. L'usine Peugeot de Sochaux est la plus importante de France avec 24 000 personnes (et 1 450 véhicules par jour en 1990).

3. La place de l'industrie automobile dans l'économie

3.1. Valeur ajoutée

On peut évaluer la place de l'industrie automobile (constructeurs et équipementiers) dans l'économie à l'aide d'indicateurs comme sa part de la valeur ajoutée nationale, autrement dit sa contribution au produit intérieur brut. Elle atteignait 2 % en France en 1986, ou encore 9 % de la valeur ajoutée de l'industrie manufacturière, ce qui est proche de la moyenne de la Communauté Economique Européenne (CEE). L'automobile représentait 13 % de la valeur ajoutée industrielle en Allemagne en 1985, 9 % en Belgique, et 6 % en Italie, au Royaume-Uni et en Espagne.

3.2. Emploi

L'automobile représentait 8 % de l'emploi industriel dans la CEE en 1987, soit par pays : 11,5 % en Allemagne de l'Ouest, 10 % en France, 8 % en

---

1. Ces chiffres excluent les fabrications intégrées d'accessoires et d'équipements. Il faut noter en outre que les constructeurs français ne produisent presque plus de pièces forgées eux-mêmes.

Belgique, 7 % en Espagne et en Italie, 6 % au Royaume-Uni, 3 % au Pays-Bas, 1,5 % au Portugal et pratiquement rien dans les autres pays.

On peut également mesurer le nombre total d'emplois induits par l'automobile : par les constructeurs et les équipementiers, mais aussi par leurs fournisseurs et leurs distributeurs, et par les activités annexes comme la réparation des voitures ou l'entretien des routes. Le Comité des Constructeurs Français d'Automobiles estime qu'en 1990 l'emploi de plus de 2,6 millions de personnes en France est lié à l'automobile, sur une population active de l'ordre de 25 millions. L'industrie automobile stricto sensu emploie 340 000 personnes (dont 20 % d'étrangers), ses fournisseurs 475 000 (métallurgie, textile, verre, peintures, pneumatiques, plastiques, etc.), soit 815 000 salariés dans les activités de production. Le solde est constitué de multiples secteurs comme la production et la vente des carburants, la distribution et la réparation des automobiles, les assurances, les auto-écoles, la construction et l'entretien des routes, les transports routiers (1,1 millions de personnes dans cette seule profession), etc.

La Japan Automobile Manufacturers Association (JAMA) arrive à une proportion comparable pour l'« emploi automobile » au Japon, à savoir 10 % de la population active (5,5 millions de personnes sur un total de 54 millions en 1987). Les Japonais emploieraient seulement 190 000 personnes dans la construction d'automobiles, ce qui est extrêmement faible : les constructeurs nippons fabriquent 3,3 fois plus de véhicules que les Français avec un nombre de salariés comparable (et même un peu inférieur)... En revanche, les effectifs de l'amont sont plus importants au Japon qu'en France : 560 000 dans les équipements et 500 000 dans les matériaux, soit en tout 1,24 millions de salariés dans les activités de production (au lieu de 0,81 million en France). Les activités annexes de l'automobile emploient 4,3 millions de personnes au

Japon, dont 2,6 millions dans le transport et les services divers, et 1,4 millions dans la vente, la réparation et les stations-service.

3.3. *Débouchés pour les autres branches industrielles*

On peut enfin apprécier la place de l'industrie automobile par son importance en tant que débouché pour les autres branches de l'économie. En France, les industries de transport terrestre (composées à plus de 90 % par la construction automobile, y compris les poids lourds, le solde comprenant les cycles et le matériel ferroviaire) consomment 16 % de la production de l'industrie des caoutchoucs et plastiques, 15 % de celle de la fonderie et du travail des métaux, 12 % des ventes de l'industrie du verre et 10 % de celles de la sidérurgie (de façon directe : l'automobile utilise un autre dixième des produits sidérurgiques après leur transformation par d'autres branches). En revanche, contrairement à ce qu'on pourrait supposer, l'industrie des transports terrestres n'utilise directement qu'une faible part de la production des métaux non-ferreux (2,3 %) et de la construction mécanique (1,9 % ; données 1989 hors exportations).

IV. LES FOURNISSEURS DE MATÉRIAUX

1. Situation présente

Une automobile est essentiellement constituée de métaux, surtout d'acier et de fonte pour près de la moitié de sa valeur (la fonte et l'acier, rappelons-le, sont des alliages de fer). En masse, on compte environ 40 % de tôles d'acier et 25 % de pièces diverses en fonte et en acier. En Europe, la proportion de l'aluminium est d'environ 10 % en valeur et 5 % en masse, et celle des plastiques de 15 % en valeur et 10 % en masse. La figure 9 montre la décomposition par matières du coût d'une automobile française en 1988.

L'automobile est un débouché important pour la sidérurgie (entre 15 et 20 % dans les grands pays industrialisés), pour l'industrie de l'aluminium (près de 30 % en France, 20 % au Japon et un peu moins de 15 % aux Etats-Unis), celle du verre et, dans une moindre mesure, celle des plastiques (5 à 10 %).

Les producteurs de pneumatiques sont habituellement classés dans la même catégorie que les métallurgistes, les chimistes et les verriers. Contrairement à tous ces derniers, ils réalisent la grande majorité de leur chiffre d'affaires avec l'automobile. Mais, comme les fournisseurs de matériaux, ce sont de très grandes firmes, de taille souvent comparable à celle de leurs clients.

Figure 9 :
RÉPARTITION EN VALEUR DES MATÉRIAUX DANS LES AUTOMOBILES

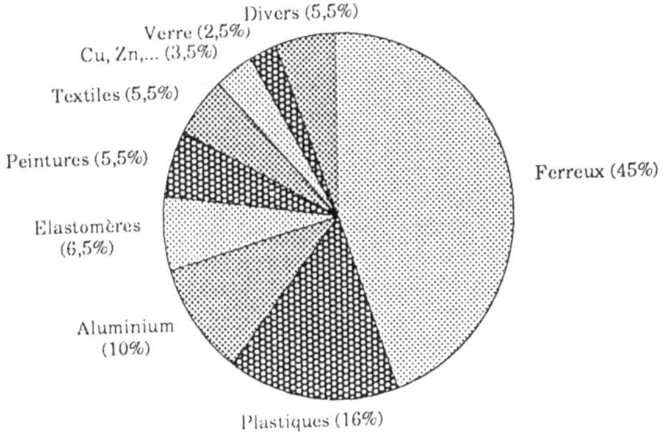

Source : PSA, 1988.

Le tableau 1 présente les principaux fournisseurs mondiaux de métaux, de verre, de produits chimiques (plastiques, peintures, etc.) et de pneumatiques. Les compagnies pétrolières, qui fournissent carburant et lubrifiant, ne sont pas concernées par ce tableau : elles vendent surtout leurs produits aux utilisateurs d'automobiles, non aux producteurs.

Tableau 1
LES GRANDS FOURNISSEURS DE MATÉRIAUX
(CA 90 en GF)

Nom	Pays	CA
Acier		
Thyssen	D	117
Nippon Steel	J	115
USX	US	106
Usinor-Sacilor	F	96
Sumitomo Metals	J	70
NKK	J	56
Kobe Steel	J	51
Ilva	I	48
Kawasaki Steel	J	47
British Steel	GB	46
Pohang Iron and Steel	Cor.	38
Arbed	Lux.	34
LTV	US	34
Cockerill Sambre	B	33
Bethlehem Steel	US	27
Hoogovens	NL	25
Verre		
Saint Gobain	F	69
Asahi Glass	J	47
PPG	US	33
Pilkington	GB	26
Owens Corning	US	17

Nom	Pays	CA
Chimie (plastiques, peinture, ...)		
Du Pont de Nemours	US	217
BASF	D	159
Hoechst	D	151
Bayer	D	142
ICI	GB	127
Dow Chemical	US	109
Ciba Geigy	CH	79
Rhône-Poulenc	F	79
Akzo	NL	52
Asahi Chemical	J	45
Mitsubishi Kasei	J	45
Aluminium et non-ferreux		
Pechiney	F	77
Metallgesellschaft	D	65
Alcoa	US	59
Alcan	Can.	48
Reynolds	US	33
Alusuisse	CH	25
Nippon Light Metals	J	22
Pneumatiques		
Bridgestone	J	67
Michelin	F	63
Goodyear	US	62
Pirelli	I	46
Continental	D	29

Source : Fortune.

2. Perspectives

Pour l'avenir, il ne faut guère attendre de changement majeur dans la composition matérielle des automobiles.

On observe que les aciers utilisés sont de plus en plus sophistiqués, mieux protégés contre la corrosion et plus résistants (ce qui permet d'utiliser des tôles moins épaisses pour une résistance donnée, et donc d'alléger le véhicule).

Le développement massif de l'aluminium ou des plastiques dans les carrosseries de grande série est improbable à moyen terme, tant pour des raisons techniques (résistance, problèmes de mise en forme) qu'économiques (coûts d'achat et de transformation). Cela n'empêche pas l'utilisation de ces matériaux dans certains cas particuliers : le hayon arrière de la Fiat Tipo et de la Citroën ZX, les ailes avant de la Renault Clio 16 soupapes et la carrosserie de la Renault Espace sont en plastique, et la carrosserie de la Honda NSX en aluminium. Il faut noter en outre que la quasi-totalité des pare-chocs (les « boucliers ») est aujourd'hui en plastique.

Remarquons pour terminer que les préoccupations d'environnement favorisent pour l'instant les métaux au détriment des plastiques : le recyclage bien maîtrisé des premiers compense encore les gains de masse, et donc de carburant, que permettent les seconds.

V. SOUS-TRAITANTS ET ÉQUIPEMENTIERS

Les sous-traitants, qui exécutent les plans de leurs donneurs d'ordres, sont de petites et moyennes entreprises – dans la fonderie, la transformation des métaux et des plastiques, le textile, etc. –, dont souvent le seul débouché est l'automobile. Il est courant d'en voir en France qui réalisent 40 à 45 % de leur chiffre d'affaires avec chacun des deux constructeurs nationaux (soit 80 à 90 % pour les seuls Peugeot SA et Renault). Leur marge de manœuvre face aux clients, grands équipementiers ou constructeurs est alors fort réduite.

La taille et la puissance des plus grands équipementiers, comme Bosch ou Nippondenso, sont comparables à celles de leurs clients (tableau 2). Plusieurs constructeurs intègrent une branche de fabrication d'équipements, ouverte sur le marché et les clients extérieurs : c'est le cas chez General Motors, premier équipementier mondial (avec la branche ACG, « Automotive Components Group »), Fiat (avec Magneti Marelli), Peugeot SA (avec ECIA, « Equipements et Composants pour l'Industrie Automobile ») et Toyota (avec Nippondenso).

Des équipementiers sont présents dans d'autres industries : l'équipement ou même la construction aéronautiques (United Technologies, Rockwell, Allied Signal, Lucas), ou les télécommunications (Nippondenso, Bosch). Par ailleurs, de très grandes firmes extérieures à l'automobile développent des filiales d'équipement, notamment électronique : Siemens, Mitsubishi Electric, Philips, Hitachi, etc. (le tableau 2 indique la part de chiffre d'affaires que chaque firme consacre à l'équipement automobile).

Par pays, on constate que l'industrie d'équipement est puissante aux Etats-Unis et en Allemagne, à l'image de la construction d'automobiles, avec des firmes comme Bosch, Dana, ZF, Eaton, etc. Elle est également forte au Japon, mais il faut noter que dans ce pays la plupart des équipementiers sont liés à des constructeurs particuliers : Toyota contrôle Nippondenso, Aisin Seiki, Koyo Seiko et Koito Manufacturing, Nissan contrôle Calsonic, Mitsubishi Electric et Mitsubishi Motors font partie du même conglomérat, etc. La France et l'Italie sont relativement dépourvues de grands équipementiers, à l'exception de Valeo

Tableau 2
QUELQUES GRANDS ÉQUIPEMENTIERS POUR L'AUTOMOBILE

Nom	Pays	CA 90 (GF)	% auto	Activités principales
Siemens	D	213,0	3	Electronique
GM-ACG (89)	US	150,0	100	Tous équipements
Mitsubishi Elec.	J	118,0	13	Elec.
United Technol.	US	117,0	9	Elec., équip. moteur
Rockwell	US	67,3	15	Transmission, freinage
Allied Signal	US	67,1	20	Freinage, élec., équip. moteur
Bosch	D	55,5	54	Elec., carbur., freinage, injection
Nippondenso	J	53,6	100	Elec., air conditionné, thermique
Aisin Seiki	J	27,5	100	Transmiss., freinage, embrayage
Dana	US	26,9	100	Transmiss., équipement moteur
SKF	S	25,5	20	Roulements
GKN	GB	25,2	58	Trans., suspens., direct., embray.
Lucas	GB	21,6	65	Elec., frein., suspens., équip. mot.
Valeo	F	20,1	100	Eclairage, élec., embray., freinage
ZF	D	20,1	39	Direct., transmission, embrayage
Eaton	US	19,8		Elec., équip. moteur, frein., trans.
Magneti Marelli	I	17,1	100	Instru., élec., éclairage, batteries
Freudenberg	D	14,4		Equipements divers
T & N	GB	12,1	61	Freinage, transmission
BBA	GB	11,9	69	Freinage, embrayage
Koyo Seiko	J	10,6	90	Direction, roulements
Fichtel und Sachs	D	9,9	70	Suspension, embrayage
Sommer-Allibert	F	9,8	30	Plastiques
Calsonic	J	9,6	100	Thermique
Arvin	US	9,2	100	Echappement
Epeda B. Faure	F	8,8	70	Sièges
Teves	D	8,6	100	Freinage
Hella	D	8,1	70	Eclairage
Koito Manufac.	J	7,7	90	Eclairage
NHK Spring	J	7,7		Ressorts
ECIA	F	7,6	100	Direction, équip. moteur, instru.
Stanley Electric	J	7,5	95	Electronique, instrumentation
Kayaba Industry	J	7,4	95	Equipement hydraulique
Labinal	F	7,4	35	Câblages, filtres
VDO	D	7,4	80	Instrumentation
Mahle	D	7,0		Fonderie, pistons
Hutchinson	F	5,7	46	Caoutchoucs
Teksid	I	5,7	100	Fonderie
AO Smith	US	5,1		Equipement carrosserie
Kolbenschmidt	D	4,9		Fonderie, équipement moteur
NGK Spark Plugs	J	4,1		Bougies
Plastic Omnium	F	3,1		Plastiques
Manducher	F	1,4	85	Plastiques
Montupet	F	1,4	100	Fonderie

Elec. = équipements électriques et électroniques.

et de Magneti Marelli. Enfin, le Royaume-Uni dispose d'un secteur d'équipement proportionnellement beaucoup plus puissant que celui de la construction, lequel est presque entièrement passé sous contrôle étranger après une très grave crise. GKN, Lucas, BBA et T&N comptent parmi les plus grands équipementiers mondiaux.

VI. LA CONSTRUCTION

1. Les pays producteurs

On peut découper le monde en quatre zones distinctes pour la construction d'automobiles (figure 10) :

– tout d'abord l'Amérique du Nord (Etats-Unis et Canada, dont l'industrie automobile est presque entièrement à capitaux américains), qui représentait 80 % de la production mondiale en 1950, mais dont la part s'est stabilisée autour de 20 % depuis la fin des années soixante-dix (la production des usines japonaises en Amérique du Nord est bien sûr comptabilisée dans ce total) ;

– la part de l'Europe occidentale (avec les constructeurs locaux, surtout allemands, français et italiens, mais aussi les filiales des groupes américains et maintenant japonais) est passée de 15 % en 1950 à 45 % en 1970, pour se réduire ensuite et se stabiliser entre 35 et 40 % ;

– la production japonaise, quasiment inexistante entre 1950 et le milieu des années soixante, atteint aujourd'hui entre 25 et 30 % du total mondial ;

– enfin la part du reste du monde augmente, et elle est aujourd'hui supérieure à 15 % du total mondial, à la suite de l'implantation de firmes des autres zones, plus que par le développement de constructeurs locaux. En 1990, 6 % de la production mondiale venait d'Europe de l'Est (y compris d'Allemagne de l'Est), 5 % d'Asie et d'Océanie réunies, 4 % d'Amérique du Sud et 1 % d'Afrique.

Figure 10 :
RÉPARTITION PAR ZONES DE LA PRODUCTION MONDIALE D'AUTOMOBILES DEPUIS 1950 (%)

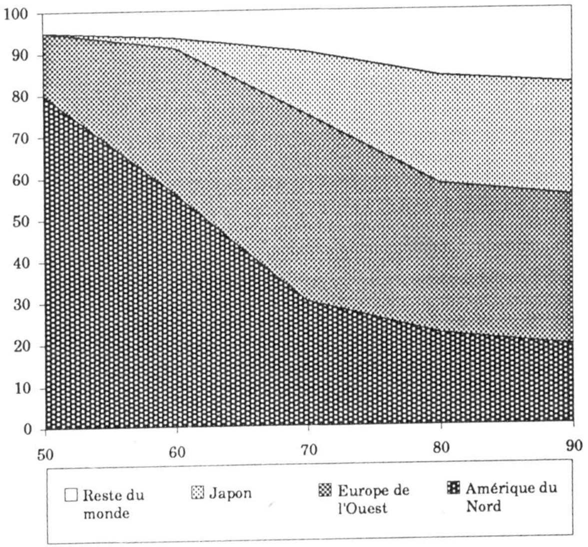

Source : F. Bricnet, P. A. Mangolte.

Les données par pays montrent que les cinq « grandes puissances » de l'automobile sont le Japon, les Etats-Unis, l'Allemagne, la France et l'Italie. Ces pays ont produit environ 35 millions de véhicules en 1990, dont 26 millions de voitures particulières (10 millions pour le seul Japon), soit 70 % du total mondial.

L'Espagne, le Royaume-Uni, la Belgique et le Canada sont d'importants producteurs : avec les cinq « grands » (et l'URSS), ils sont les seuls à avoir fabriqué plus d'un million de voitures en 1990. Mais ils accueillent surtout des constructeurs étrangers (Américains, Allemands, Français et de plus en plus Japonais). Les firmes présentes en Espagne sont par exemple Volkswagen, General Motors, Ford, Renault, Peugeot SA, Nissan et Suzuki.

Parmi les « nouveaux pays industrialisés », la Corée du Sud, le Brésil et le Mexique ont constitué une industrie automobile assez puissante, mais seule la Corée dispose de grands constructeurs nationaux (l'industrie au Brésil est dominée par Volkswagen, General Motors, Fiat et Ford ; elle l'est par Chrysler, Volkswagen, Ford, Nissan et General Motors au Mexique).

La Suède a longtemps possédé une industrie automobile indépendante, mais ses constructeurs souffrent d'une « taille critique » trop réduite. Aussi Volvo s'est-il rapproché de Renault, alors que Saab-Scania a cédé la moitié de sa branche automobile à General Motors.

Au total, les treize pays cités représentent plus de 90 % de la production mondiale de voitures particulières en 1990.

Les constructeurs d'Europe de l'Est (Lada, Skoda, Zastava, FSO, etc.) ont fabriqué environ deux millions de voitures en 1990, plus que l'Italie. Ils sont en pleine restructuration, mais leur production devrait sensiblement augmenter à moyen terme.

2. Les firmes

Le Japon, les Etats-Unis, l'Allemagne, la France et l'Italie ont fabriqué 70 % des voitures en 1990. Mais leurs constructeurs, dont l'implantation est mondiale, en ont produit près de 95 %. Ces firmes sont parmi les plus puissantes de la planète : en 1990, onze constructeurs d'automobiles figuraient parmi les cinquante plus grandes entreprises du monde classées par ordre de chiffre d'affaires (on trouvait aussi treize firmes de construction électrique et électronique, et dix compagnies pétrolières).

2.1. Production

Les principaux constructeurs mondiaux et leurs marques respectives sont :

– trois Américains : General Motors (qui ne vend pas de voitures portant ce nom, mais des Chevrolet, Pontiac, Buick, Oldsmobile, Cadillac, Saturn, Geo, Opel, Vauxhall et Saab), Ford (avec les marques Ford, Lincoln, Mercury et Jaguar) et Chrysler (Chrysler, Dodge, Eagle, Plymouth, Jeep) ;

– huit Japonais : Toyota (Toyota, Daihatsu, Lexus) Nissan (Nissan, Infiniti), Honda (Honda, Acura), Mazda (Mazda, Amati), Mitsubishi (Mitsubishi), Suzuki (Suzuki), Isuzu (Isuzu) et Fuji Heavy Industries (Subaru) ;

– trois Allemands : Volkswagen (Volkswagen, Audi, Seat, Skoda), Daimler Benz (Mercedes Benz) et BMW (BMW) ;

– deux Français : Peugeot SA (Peugeot, Citroën) et Renault (Renault, Alpine) ;

– un Italien : Fiat (Fiat, Lancia, Alfa Romeo, Innocenti, Ferrari) ;

– deux Sud-Coréens : Hyundai (Hyundai) et Kia (Kia) ;

– un Suédois : Volvo (Volvo) ;

– un Britannique : Rover (Rover, Land Rover, Range Rover) ;

– un Soviétique : VAZ (Lada).

En ce qui concerne la production, General Motors continue de dominer largement les autres constructeurs (figure 11). Ford et Toyota se disputent la deuxième place. On trouve ensuite un groupe de neuf firmes qui ont fabriqué plus d'un million de véhicules en 1990, de Nissan à Mitsubishi, offrant toutes une gamme diversifiée. Les autres constructeurs sont pour la plupart spécialisés dans certains segments du marché, voitures de luxe, « minicars », véhicules économiques, etc.

Figure 11 :
LES CONSTRUCTEURS D'AUTOMOBILES EN 1990
(millions de véhicules)

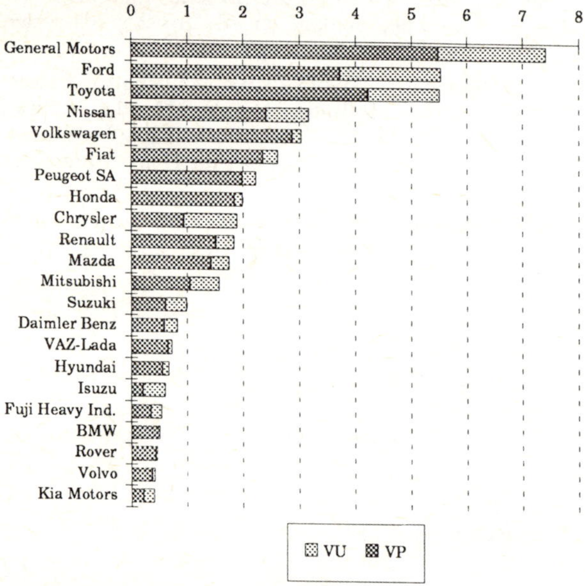

Source : CCFA.

En plus des voitures particulières, beaucoup de constructeurs produisent des véhicules utilitaires, dans des proportions parfois considérables, comme aux Etats-Unis. La majorité des firmes réalise plus de

85 % de son chiffre d'affaires dans l'automobile (véhicules particuliers et utilitaires), mais la diversification est parfois importante, comme celles de Fiat et de Daimler Benz (un tiers environ du chiffre d'affaires pour ces deux groupes, dans des domaines comme l'aéronautique et l'électronique).

2.2. Généralistes et spécialistes

On distingue habituellement deux types de constructeurs, suivant l'éventail de leur gamme. Les « généralistes » proposent des véhicules de toute catégorie (à l'exception, souvent, du segment A, peu rentable et que beaucoup ont abandonné, et des « sous-segments » les plus élevés du segment H, ceux des voitures de prestige). A l'inverse, les « spécialistes » se cantonnent à une fraction du marché de l'automobile, en général la partie supérieure, celle des voitures de luxe ou de sport.

La figure 12 sépare bien les deux catégories de constructeurs. Les généralistes (de Fiat à Toyota) offrent une vaste gamme de prix (et donc de véhicules dans des segments différents), allant de moins de 50 000 francs à plus de 200 000 ou 300 000 francs. A l'inverse, les tarifs des spécialistes (de Volvo à Jaguar) commencent à des prix bien souvent supérieurs à 100 000 francs.

Il faut remarquer que plusieurs spécialistes sont en fait les filiales de grands groupes généralistes et contribuent ainsi à étendre la gamme de ces derniers (le groupe Volkswagen comprend par exemple Seat, Volkswagen et Audi ; de même Fiat inclut les marques Fiat, Lancia, Alfa Romeo et même Ferrari dont l'éventail de prix n'est pas mentionné sur la figure 12). Remarquons enfin que des firmes comme Lada ou Seat pourraient être considérées comme des spécialistes du bas de gamme.

Figure 12 :
GAMMES DE PRIX SUR LE MARCHÉ FRANÇAIS EN 1991 (milliers de F)

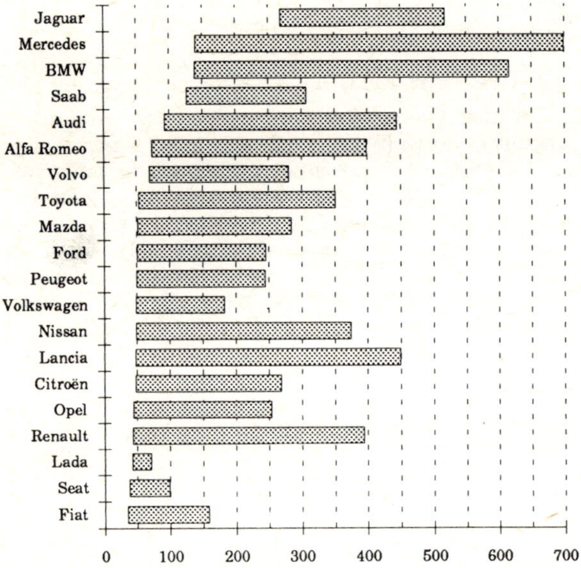

2.3. Données financières et sociales

Le tableau 3 présente les principales données industrielles et financières concernant les grands constructeurs d'automobiles du monde : production, chiffre d'affaires, résultats 1989 et 1990, effectifs et investissements en recherche et développement (R&D).

Tous les constructeurs ont été bénéficiaires en 1989, avec une rentabilité souvent excellente, comme chez Fiat (6,5 %), Peugeot SA (6,3 %), Volvo (5,6 %) ou Renault (5,3 %). L'année 1990 a été beaucoup moins favorable, comme le montre la comparaison des ratios

Tableau 3

LES CONSTRUCTEURS D'AUTOMOBILES EN 1990

Nom	Prod. VP + VU (x 1 000)	CA GF	RN GF	RN/ CA 90 (%)	RN/ CA 89 (%)	Effectif 89 (x 1 000)	R & D/ CA 89 (%)
General Motors (1)	7 425	680	– 10,8	– 1,6	3,0	775	4,1
Ford	5 541	530	4,7	0,9	4,4	366	3,2
Toyota (2)	5 520	390	17,0	4,4	4,6	68	5,9
Nissan (3)	3 185	225	1,8	0,8	2,5	57	4,1
Volkswagen	3 054	231	3,5	1,5	2,7	251	3,2
Fiat	2 634	270	7,6	2,8	6,5	290	3,4
Peugeot SA	2 235	160	9,2	5,8	6,3	159	2,3
Honda (3)	2 000	162	2,9	1,8	3,6	32	5,9
Chrysler	1 899	160	0,4	0,3	1,8	130	2,7
Renault	1 844	164	1,2	0,7	5,3	175	1,7
Mazda (3)	1 753	84	1,0	1,2	1,1	30	3,2
Mitsubishi (3)	1 575	87	1,0	1,1	1,0	26	5,0
Suzuki (3)	996	37	0,2	0,5	1,0	13	3,0
Daimler Benz	838	290	5,7	2,0	3,3	368	6,5
VAZ-Lada	730						
Hyundai	676	37	0,5	1,5	1,2		
Isuzu	613	53	0,4	0,7	1,3	18	3,0
Fuji Heavy Ind. (3)	546	25	– 0,2	– 0,8	0,8	10	4,0
BMW	520	91	2,3	2,5	3,3	57	4,7
Rover	474	36			1,9	40	
Volvo	429	75	– 0,9	– 1,2	5,6	79	6,8
Kia Motors	422	20	0,3	1,7	1,5		

1) Production : y compris Saab.
2) Production : y compris Daihatsu et Hino. Clôture en juin 1991.
3) Clôture en mars 1991.

« résultat net sur chiffre d'affaires » (RN/CA) dans le tableau 3. En moyenne pondérée, la rentabilité des firmes mentionnées dans cette liste passe de 3,6 % en 1989 à 1,3 % en 1990. Par zones, le ratio passe de 3,4 % à – 0,4 % aux Etats-Unis, de 2,9 % à 2,3 % au Japon et de 4,6 % à 2,2 % en Europe de l'Ouest. Peugeot SA a certes conservé une rentabilité très satisfaisante (5,8 %), et Mazda et Mitsubishi ont légèrement augmenté la leur. Mais le résultat net de Fiat est tombé à 2,8 % de son chiffre d'affaires et celui de Renault à 0,7 %. Volvo a enregistré des pertes équivalant à 1,2 % de ses ventes. Quant aux « Big Three », après avoir gagné 8,4 milliards de dollars en 1989, ils ont affiché une perte totale d'1 milliard de dollars en 1990, qui a atteint 3,2 milliards au premier semestre de 1991. Le Japon n'échappe pas tout à fait aux difficultés : la rentabilité de Nissan a été divisée par trois entre 1989 et 1990, passant de 2,5 % à 0,8 % du chiffre d'affaires, et Fuji Heavy Industries a connu une perte égale à 0,8 % de son activité au cours de l'exercice achevé le 31 mars 1991.

Les effectifs restent nombreux malgré les réductions de ces dernières années (entre 1979 et 1986, Fiat a par exemple réduit de plus de 40 % le nombre de ses salariés ; les effectifs de la construction automobile française ont quant à eux diminué de 35 % entre 1980 et 1990). On notera les chiffres étonnamment bas des Japonais.

VII. LES ÉCHANGES INTERNATIONAUX

1. La pénétration étrangère sur les marchés nationaux

1.1. Le Japon

La part de marché des étrangers au Japon a beaucoup augmenté de 1983 à 1990 (figure 13) : en sept ans, elle a été multipliée par cinq et le nombre de voitures importées par six. Mais cette croissance atteint une limite et le taux de pénétration par les automobiles étrangères paraît stabilisé autour de 4 à 5 %.

1.2. Les Etats-Unis

Malgré tous leurs efforts de prix, les constructeurs américains ont perdu des parts sur un marché intérieur en baisse de près de 7 % en 1990 : de 67,9 % en 1989, ils passent globalement à 66 % en 1990. Seul General Motors augmente marginalement sa contribution, passant de 35,2 % à 35,7 % ; Ford passe de 22,3 % à 21 %, et Chrysler de 10,4 % à 9,3 %. En réalité, les progrès du premier constructeur américain s'expliquent essentiellement par la nouvelle marque Geo de Chevrolet (3 % du marché), qui lui sert à écouler des voitures japonaises (des Toyota, des Suzuki et des Isuzu)...

Figure 13 :

PART DE MARCHÉ DES AUTOMOBILES JAPONAISES AUX ÉTATS-UNIS ET EN EUROPE, ET DES AUTOMOBILES ÉTRANGÈRES AU JAPON (%)

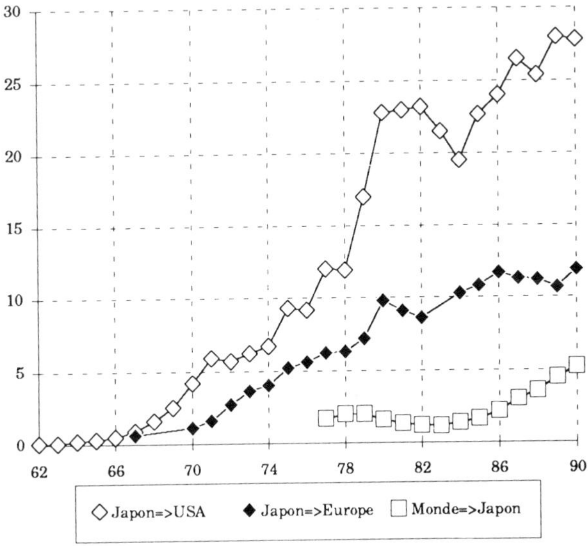

Les 34 % de voitures étrangères vendues aux Etats-Unis sont surtout japonais, puisque Européens et autres constructeurs (Coréens, etc.) n'occupent qu'un peu plus de 6 % du marché (figure 13). La part des Japonais est légèrement inférieure à 30 % et comporte un nombre croissant de voitures fabriquées sur place : 20 % de la production américaine est de marque japonaise (et 7 % de marque Honda), ce qui représente environ 10 % des immatriculations totales. Les exportations des Japonais diminuent à mesure que leurs nouvelles usines ouvrent en Amérique : au total, tous véhicules confondus, elles ont baissé de 14 % de 1985 à 1990, alors que la production (au Japon et à l'étranger) a augmenté de 10 %.

1.3. L'Europe

La pénétration japonaise en Europe occidentale est aujourd'hui de 12 %, alors qu'elle était quasiment nulle au milieu des années soixante (figure 13).

Les gouvernements se sont vite inquiétés de la pecée nipponne et ont pris des mesures protectionnistes. En 1975, la Grande-Bretagne a poussé à un accord entre ses constructeurs et les Japonais pour limiter la part de marché de ce dernier à 11 %. La France a imposé un quota de 3 % du marché intérieur aux voitures japonaises en 1977. L'Italie l'a fixé à 1 %. Les importations japonaises sont aussi limitées en Espagne et au Portugal, et il semble qu'un accord secret ait été passé entre l'Allemagne et le Japon pour limiter la pénétration de ce dernier à 15 % outre-Rhin. Les autres marchés européens sont libres : en 1990, la part des Japonais a atteint jusqu'à 36 % au Danemark, 42 % en Irlande et 44 % en Norvège. Au premier trimestre de 1991, la pénétration japonaise s'élève à 11 % en Europe occidentale, soit 8 % dans les six pays « protégés » (qui représentent 82 % du marché) et 28 % dans le reste du continent.

Les voitures japonaises sont pratiquement les seules importations provenant de l'extérieur de l'Europe occidentale (il faut leur ajouter quelques véhicules envoyés des pays de l'Est ou de Corée). Mais les flux internes au continent sont également intenses, comme le montrent les taux de pénétration par nationalité dans chaque pays (tableau 4). On constate la bonne position des marques allemandes dans tous les marchés, mais aussi celle des françaises. En revanche, les Italiens sont assez peu présents hors de leur pays. Quant aux Britanniques, ils occupent une mauvaise position y compris sur leur marché intérieur. Le cas des Américains est particulier : leurs voitures ne sont pas importées des Etats-Unis, mais sont fabriquées en Europe, au Royaume-Uni, en Belgique, en Espagne et surtout en Allemagne (où la part dans les ventes des voitures fabriquées sur place est proche de 70 % : il faut comptabiliser la production de Ford Allemagne et de General Motors-Opel).

2. Les flux internationaux

L'ensemble des échanges de voitures entre les grandes zones économiques mondiales représente environ sept millions de véhicules dont, en 1990, 0,6 million en provenance des Etats-Unis, 1,6 millions d'Europe de l'Ouest et 4,5 millions du Japon. Ce pays et l'Allemagne enregistrent, et de loin, les plus forts excédents mondiaux du commerce automobile (véhicules et équipements) : + 370 milliards de francs pour le premier en 1989, + 245 milliards pour l'autre. La France est également habituée aux excédents, mais à des niveaux bien moins élevés (+ 18 milliards en 1989). L'Italie exporte un grand nombre de voitures, mais en importe encore davantage, si bien que sa « balance automobile » est largement déficitaire (– 26 milliards de francs en 1989). Celle du Royaume-Uni a atteint – 70 milliards en 1989, et celle des Etats-Unis – 310 milliards ! La Communauté Economique Européenne est globalement excédentaire : + 150 milliards de francs en 1989.

Tableau 4
RÉPARTITION DES PARTS DE MARCHÉ DANS QUELQUES PAYS
(% du total 1990 des VP)

	D	B	E	F	I	NL	GB	S	CH	J	US
Allemands	**42,1**	22,5	23,2	12,8	15,9	15,8	9,8	16,7	21,9	3,2	3,2
Français	7,8	25,0	35,3	**60,8**	14,5	18,1	12,6	7,7	13,3	0,3	0,0
Italiens	5,0	5,1	8,6	7,1	**52,5**	6,5	3,0	1,6	10,0	0,2	0,1
Suédois	0,8	2,3	0,8	0,7	1,2	5,1	3,9	**29,2**	2,2	0,3	1,3
Anglais	0,3	1,0	1,3	2,0	1,1	1,0	**14,5**	0,1	0,7	0,4	0,2
Américains	27,1	20,9	28,2	11,8	12,0	24,0	41,3	18,4	20,0	0,3	**66,0**
Japonais	15,9	20,1	1,6	3,3	1,9	26,7	11,8	24,9	28,2	**95,0**	27,6
Autres	1,0	3,1	1,1	1,5	1,0	2,9	3,2	1,4	3,6	0,3	1,6
Total	100	100	100	100	100	100	100	100	100	100	100

NB : Ford Europe et GM Europe sont considérés comme américains.
Source : CCFA.

Le tableau 5 montre les principaux clients du Japon, de l'Allemagne, de la France et de l'Italie. Le Japon est universellement représenté, bien qu'il reste relativement en retrait de la CEE, encore protégée par des quotas. Il est en revanche particulièrement présent en Amérique, où existe une forte concurrence locale, et dans la zone Asie-Océanie, où il exerce un quasi-monopole. L'Allemagne est assez présente hors de la CEE, avec près d'un million de voitures exportées, dont beaucoup appartiennent au haut de gamme. La France est très bien implantée dans la CEE et en Afrique (dont le marché est très réduit), et relativement bien en Asie. Toutefois ses exportations hors de la Communauté Européenne sont d'à peine 350 000 véhicules. L'Italie enfin, est peu représentée hors de la CEE (un peu plus de 100 000 voitures exportées). Les Etats-Unis ne figurent pas dans le tableau 5. Ils ne sont pas absents du reste du monde, mais sont présents bien davantage par des implantations locales que par des exportations (le taux d'exportation de l'ensemble formé des Etats-Unis et du Canada vers le reste du monde est d'à peine 2 %). Ils sont « mondialisés » depuis les années vingt.

Tableau 5
LES GRANDS EXPORTATEURS D'AUTOMOBILES (1990, milliers de VP)

	Exportateurs			
	Japon	**Allemagne**	**France**	**Italie**
Destinations :				
CEE	1 080	1 700	1 480	635
Autres Europe	400	410	165	70
Amérique	2 260	315	30	11
Asie	480	200	100	18
Afrique	45	13	45	15
Océanie	200	10	6	2

Source : CCFA.

3. La mondialisation de la production

3.1. Les précédents

Les constructeurs étrangers sont incités à contourner les barrières protectionnistes en implantant des usines dans les pays protégés. Par ailleurs, quand une firme prétend occuper une portion significative d'un marché, l'adaptation de ses produits aux conditions locales devient cruciale. Pour cela, la fabrication et surtout la conception doivent être au moins partiellement décentralisées.

Les Américains ont les premiers appliqué cette stratégie dans les années vingt et trente lorsqu'ils se sont implantés en Europe. Au début des années soixante-dix, avec la libéralisation du marché financier nippon, ils ont aussi pris des participations au Japon puis en Corée, où la croissance et les besoins de financement étaient élevés. General Motors détient aujourd'hui 39 % d'Isuzu et 5 % de Suzuki ; il contrôlait en outre 50 % du Coréen Daewoo Motor, mais a décidé de s'en retirer. Ford possède 24 % de Mazda, qui à son tour détient 8 % du Coréen Kia. Actuellement, sans considérer ces participations, General Motors et Ford assemblent environ la moitié de leurs voitures hors d'Amérique du Nord, principalement en Europe (autour de 40 % de la production totale). En revanche, Chrysler fabrique désormais tous ses produits aux Etats-Unis, au Canada et au Mexique. Il a revendu en 1989 la moitié des 22 % d'actions qu'il détenait de Mitsubishi Motors et pourrait s'en retirer entièrement. Le troisième constructeur américain est en effet particulièrement menacé par la concurrence japonaise aux Etats-Unis, et doit rassembler des capitaux pour y résister.

En Europe, Peugeot a absorbé les filiales de Chrysler, avec des usines en France, en Espagne et en Angleterre. Volkswagen a pris le contrôle de l'Espagnol Seat et du Tchécoslovaque Skoda. Renault a des installations en Belgique, en Espagne et au Portugal, qui montent environ un quart de la production totale du groupe. Les constructeurs européens ont peu d'usines sur les autres continents. Certains, comme Volkswagen et Fiat, sont cependant assez présents en Amérique Latine ; mais les tentatives d'implantation industrielle aux Etats-Unis des Européens ont jusqu'à présent été des échecs (Volkswagen, Renault).

3.2. Le développement des « transplants » aux Etats-Unis

Dans l'ensemble, 85 à 90 % de la capacité des constructeurs japonais est encore située dans l'archipel nippon. Mais leur production outre-mer augmente constamment, surtout aux Etats-Unis où sont déjà assemblées près de 10 % des voitures Toyota et 30 % des Honda, dans des usines que les Américains nomment « transplants » (c'est un jeu de mots sur « plant », qui signifie « usine » en anglais). On peut y voir une « réponse », après un demi-siècle, aux premières implantations américaines en Europe et au Japon, et aussi une seconde tentative, couronnée de succès, après les échecs européens aux Etats-Unis.

En 1990, Honda a fabriqué 433 000 voitures particulières aux Etats-Unis, Toyota 217 000, Nissan 98 000 et l'association de Fuji Heavy Industries et d'Isuzu 35 000. Il faut y ajouter les usines conjointes de Toyota et General Motors (Nummi, créée en 1984 en Californie, qui a fabriqué 205 000 automobiles en 1990), de Mazda et Ford (181 000 véhicules), et de Mitsubishi et Chrysler (Diamond Star, avec une production de 151 000 véhicules en 1990 ; Chrysler a décidé de se retirer de cette « joint venture »). On arrive au chiffre d'1,3 millions de voitures japonaises « made in USA » en 1990, en hausse de 16 % par rapport à 1989. Ce total devrait dépasser 2,5 millions au milieu de la décennie, auxquels il faudra ajouter des capacités au Canada, de l'ordre de 400 000 véhicules par an (au lieu de 250 000 actuellement). A terme, les Japonais prévoient d'exporter à partir des Etats-Unis : en 1992, Toyota a l'intention d'envoyer 40 000 véhicules au Japon et 10 000 à Taïwan ; la filiale américaine de Honda expédie plusieurs milliers de voitures au Japon, à Taïwan et en Corée du Sud, et souhaite porter ses exportations annuelles vers l'Europe de 5 000 véhicules aujourd'hui à 10 000 en 1995.

3.3. L'Europe

Le mouvement de « transplantation » commence à toucher le Vieux Continent. Les Japonais ont assemblé environ 270 000 voitures dans leurs usines européennes en 1990 (200 000 en Grande-Bretagne, 45 000 en Espagne, 12 000 au Portugal et 10 000 en

Grèce) et plus de 350 000 en 1991 (dont 270 000 en Grande-Bretagne). Ils prévoient de porter leurs capacités à plus de 900 000 véhicules par an au milieu de la décennie (dont 350 000 pour Nissan et 230 000 pour Toyota). Pour la fin du siècle, la Commission Européenne table sur 1,2 millions de voitures. La somme des prévisions publiées par chaque constructeur japonais donne un chiffre sensiblement supérieur, 1,7 millions (dont 500 000 pour Nissan et Toyota, et 300 000 pour Honda), et certains experts parlent de 2 millions de véhicules. En plus des usines, les Japonais implantent en Europe des centres des recherche et de design. Honda, Nissan, Toyota et Mazda y emploient en tout plus de 450 personnes en 1991, en Allemagne, en Angleterre et en Belgique. Ces « transplants » et ces centres de recherche constituent, selon R. Lévy, le « véritable danger » japonais, bien plus que les importations.

Après dix-huit mois de négociations et de vifs débats, la Communauté Européenne est arrivée fin juillet 1991 à un accord sur l'automobile avec les Japonais (qui ne se traduira, notons-le bien, par aucun engagement écrit). Il porte sur la période transitoire allant du 1er janvier 1993 au 31 décembre 1999. Les constructeurs nippons pourront progressivement porter leur part du marché de la Communauté de 10 % en 1990 à 16 %, soit 2,4 millions de voitures en 1999 (au lieu d'1,5 millions en 1990). Sur ce total, les Japonais ne pourront importer qu'1,2 millions de véhicules, ce qui signifie qu'ils sont autorisés à fabriquer 1,2 autres millions d'automobiles dans leurs « transplants » européens (figure 14). Si ceux-ci produisaient davantage, les Japonais devraient en principe réduire leurs importations pour rester en deçà du seuil de 16 %. La question des « transplants » suscite cependant des lectures divergentes, le Japon mais aussi la Grande-Bretagne considérant que leur expansion n'est pas limitée, d'autres, comme la France et l'Italie, étant d'un avis opposé (« les textes sont imprécis, pour ne pas dire ambigus », a déclaré R. Lévy) ; le cas des voitures de marque japonaise importées des Etats-Unis n'est pas réglé non plus. Plusieurs dispositions annexes ont par ailleurs été arrêtées, comme la « clause de sauvegarde » destinée à ralentir les ventes nipponnes en cas de récession, ou la « clause de non-ciblage » qui interdit aux Japonais d'augmenter trop vite leur pénétration sur les marchés les plus protégés actuellement (France, Italie, Espagne, Portugal). En France par exemple, leur part de marché est aujourd'hui proche de 4,5 % (les importations depuis le Japon étant limitées à 3 %) et ne doit pas dépasser 9 % à la fin du siècle (dont environ 5,5 % d'importations directes du Japon, soit 150 000 voitures).

Figure 14 :

PART DE MARCHÉ PRÉVUE POUR LES CONSTRUCTEURS JAPONAIS DANS LA CEE (%)

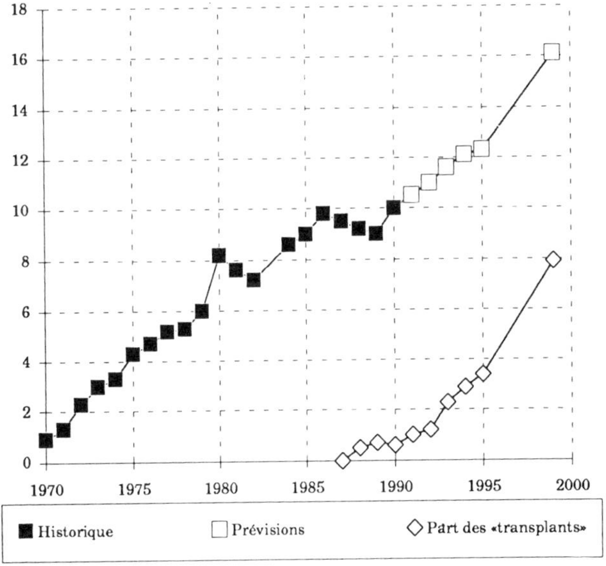

Source : FT.

3.4. Conclusion

Malgré des précédents anciens, une mondialisation d'une telle ampleur est nouvelle. Elle constitue un puissant facteur d'évolution de la concurrence dans l'industrie automobile, dont le chapitre suivant analyse les autres composantes. Elle risque d'aboutir à l'apparition de deux catégories de constructeurs généralistes : les « généralistes mondiaux », comme le sont déjà General Motors et Ford, et comme le seront bientôt les cinq premiers Japonais ; et les « généralistes locaux », qui seront en fait des « spécialistes géographiques » et dont la position concurrentielle sera très inconfortable. Parmi eux se trouvent pour le moment Chrysler et les généralistes européens (y compris Volkswagen).

III

CRISE ET AVENIR DE L'AUTOMOBILE

« On sait à quelle sujétion sont astreints les véhicules automobiles qui doivent le dimanche s'encombrer d'individus pour les promener sur les routes. Grâce à une ingénieuse combinaison du radar et de la commande à distance, on pourra désormais sortir la voiture le dimanche en restant chez soi, ce qui du point de vue de la voiture équivaut à une libération ».

B. Vian *(conférence prononcée à l'Union Centrale des Arts Décoratifs en 1948).*

I. INTRODUCTION

Le marché de l'automobile s'est accru régulièrement entre les années vingt et le milieu des années soixante-dix, l'Europe occidentale et le Japon venant peu à peu épauler l'Amérique du Nord. Au cours de ce demi-siècle, les efforts des constructeurs ont davantage consisté à entretenir la demande et à pousser de nouveaux consommateurs à s'équiper, qu'à tenter de conquérir des parts de marché sur la concurrence. Les caractéristiques des voitures ont évolué lentement, juste assez pour favoriser leur renouvellement fréquent.

Malgré des différences locales, notamment au Japon, les usines d'automobiles fonctionnent toutes sur le mode tayloriste. Les gains de productivité obtenus permettent de diminuer le coût et le prix de vente des voitures. Les constructeurs sont de très grandes firmes intégrées, à la tête de vastes « empires » industriels couvrant une large partie de la filière de production. Leurs rapports avec les fournisseurs indépendants sont fondés sur de purs rapports de force, le fournisseur étant uniquement un exécutant des plans dessinés par le constructeur, choisi sur le seul critère du prix et susceptible d'être écarté du jour au lendemain.

Or ce système industriel, ce « mode de croissance » montre ses limites depuis une quinzaine d'années. On observe tout d'abord que le marché de l'automobile dans les pays développés est en voie de saturation. Non que sa croissance soit désormais nulle, mais elle tend à rester inférieure à celle de l'économie, malgré des sursauts momentanés suivis de récessions. La croissance du marché américain a déjà connu, rappelons-le, une brusque rupture au milieu des années vingt, quand elle s'est rapprochée de la croissance du PIB, après lui avoir été bien supérieure.

La crise actuelle a une autre caractéristique, inconnue il y a soixante-dix ans : le système productif lui-même, hérité des principes de F. Taylor et d'H. Ford, atteint ses limites. A la fin des années soixante-dix, le perfectionnement progressif des automobiles s'avère de plus en plus difficile à obtenir à bon marché. Les coûts de production et la qualité se dégradent, alors même que les ouvriers se révoltent contre les méthodes tayloristes.

Ce chapitre analyse les symptômes de la crise du « sloanisme » et les réactions qu'ont adoptées les constructeurs depuis une quinzaine d'années. Il traite tout d'abord de la saturation des marchés et des moyens d'y remédier (nouveaux marchés, extension des gammes, innovations), puis de la crise du taylorisme et du système de production ancien, tant au sein des constructeurs que dans leurs relations avec les autres firmes. Les réponses, très partiellement inspirées du « modèle japonais », résident peut-être dans la « flexibilité », le « partenariat », la « coopération » et les nouveaux métiers de l'électronique.

L'industrie automobile, dont la mondialisation constitue un autre facteur perturbant, ne paraît pas encore avoir atteint un nouvel équilibre, comparable à celui qu'elle a connu depuis le milieu des années vingt. Si elle en retrouve un, comme c'est probable, la fin du chapitre propose quelques hypothèses sur ses caractéristiques futures.

II. LA SATURATION DES MARCHÉS

1. Quelle saturation ?

Le premier choc pétrolier marque une rupture dans la croissance de l'économie et de l'industrie automobile. La demande est-elle pour autant saturée ?

En Europe de l'Ouest et au Japon, la croissance des immatriculations ralentit à partir du premier choc pétrolier. Toutefois, l'augmentation des ventes de voitures reste parallèle à celle, plus modérée, du produit intérieur brut. Au Etats-Unis en revanche, le début des années soixante-dix marque un infléchissement de la croissance des immatriculations par rapport à celle de l'économie : la saturation absolue de l'équipement en automobiles est proche. Elle correspondrait à une stabilisation du taux de motorisation. Le marché serait alors un pur marché de renouvellement, et sa croissance se limiterait à peu près à celle de la population.

Le niveau de cette saturation « absolue » est variable selon les pays, car ses facteurs déterminants n'ont pas partout la même valeur. Citons parmi eux le revenu des ménages, la densité de la population, son taux d'urbanisation, les coûts d'achat et d'utilisation des véhicules, leur durée de vie, et enfin des paramètres « institutionnels » comme les infrastructures routières ou la qualité des transports en commun.

Le Massachusetts Institute of Technology a calculé le taux de saturation théorique des principaux pays développés. On s'aperçoit que la réalité est encore loin de ces chiffres. En effet, le taux de motorisation des Etats-Unis était de 546 véhicules pour mille habitants en 1988, alors que la saturation n'apparaîtrait qu'à 700. De même, il faut comparer le seuil théorique de 600 véhicules pour mille habitants en Allemagne et en France aux valeurs réelles de 470 et 398, et les 500 véhicules pour mille habitants calculés pour la Suède, l'Italie, le Royaume-Uni et le Japon aux taux observés respectivement de 406, 403, 363 et 247. Les pays les plus proches de la saturation seraient donc la Suède, l'Italie, l'Allemagne de l'Ouest et les Etats-Unis avec 80 % du maximum théorique.

Les marchés ne sont donc pas vraiment saturés, puisque leur croissance est encore positive et que le seuil de saturation absolue n'est pas atteint. Mais il faut à coup sûr s'attendre à un net ralentissement de leur progression, comme on l'observe aux Etats-Unis, et à ce qu'on peut qualifier de saturation « relative » : une croissance ralentie, inférieure en moyenne à celle du PIB. L'industrie en subit déjà les conséquences.

2. Le marché de l'automobile après 1973

2.1. Les Etats-Unis

Les Etats-Unis se rapprochent de la saturation depuis la fin des années soixante-dix. Les mauvais résultats des trois grands constructeurs de Detroit pour 1990 et 1991, certes dus en grande partie à la concurrence japonaise, traduisent aussi cette mutation du marché.

La production américaine se stabilise dès 1965 (en son sein, la part des constructeurs nationaux ne cesse de décroître). Ensuite les importations, surtout des petits véhicules et des voitures de luxe, soutiennent seules la croissance des ventes. Le marché continue à croître globalement après 1973, malgré les récessions de 1975 et 1982, mais plus lentement que le produit intérieur brut, au taux moyen d'1,3 % par an entre 1973 et 1990, au lieu de 4 % entre 1946 et 1973 (et de 2,6 % pour le PIB entre 1973 et 1990).

Après 1975, la part de marché des constructeurs européens diminue. Ceux-ci soutiennent difficilement la concurrence japonaise, qui offre des produits moins chers grâce à ses usines modernes, dans le segment des petites voitures où le prix est le facteur de choix primordial. Les Européens changent alors de « cible » et privilégient les voitures de prestige, segment d'où les Japonais et les Américains sont pratiquement absents. Cette redéfinition des objectifs profite aux constructeurs spécialistes du nord de l'Europe (Daimler Benz, BMW, Porsche, Saab, Volvo, Jaguar). Les Japonais profitent quant à eux des deux chocs pétroliers pour vendre des automobiles « sobres ». De 7 % en 1974, leur part du marché américain passe à 28 % en 1980, pour se stabiliser ensuite à un peu moins de 30 %.

2.2. L'Europe

La production allemande (de l'ouest) reprend après un palier de 1971 à 1973 et un affaiblissement sensible en 1974 et 1975. Quant aux immatriculations, elles croissent au taux moyen de 2 % par an après le premier choc pétrolier. En France, la courbe de la production atteint un point d'inflexion en 1972, plus net encore que celui des immatriculations, dont la croissance annuelle entre 1973 et 1990 se maintient à près de 2 % (figure 15).

Figure 15 :
L'AUTOMOBILE EN FRANCE
(millions de VP + VU)

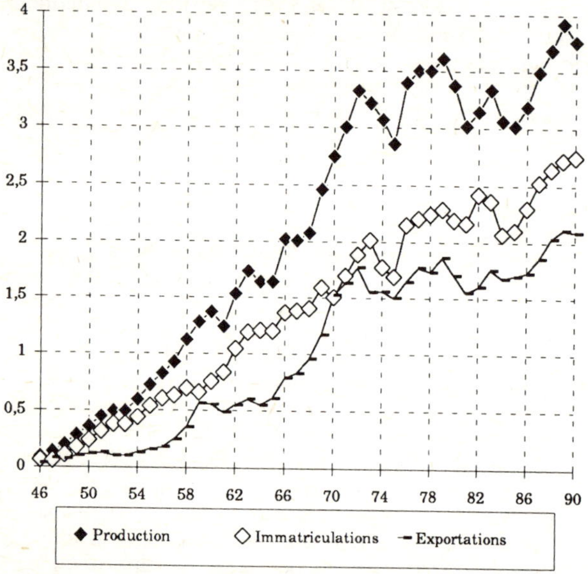

Source : CCFA.

De manière identique en Italie, la croissance de la production s'interrompt en 1973 et ne reprend qu'en 1986 : la crise de Fiat dure plus de dix ans. En revanche les immatriculations, dont la véritable croissance commence au début des années soixante, comme au Japon, rattrapent plus rapidement la tendance après les creux de 1975 et 1982. Le taux moyen de croissance annuel pour la période 1973-1990 est un peu supérieur à 3 %. La situation du Royaume-Uni rappelle celle de l'Italie. La croissance de la production s'interrompt dès la fin des années soixante, avant de s'inverser à partir de 1973. J.-J. Chanaron attribue le déclin de l'industrie automobile britannique aux nombreux conflits sociaux, à la faible productivité, à « une politique industrielle inappropriée » et à « des stratégies d'entreprise défaillantes » : des gammes trop larges, des investissements de production et de recherche insuffisants, et de mauvaises relations avec les fournisseurs. Comme en Italie, la production reprend au milieu des années quatre-vingt. Mais entretemps elle a pratiquement diminué de moitié, et l'industrie automobile britannique est quasiment passée sous contrôle étranger. Rover, dernier grand constructeur anglais, bien que filiale de British Aerospace, dépend entièrement de Honda pour la conception et l'industrialisation de ses voitures. Enfin, la production espagnole connaît une croissance régulière depuis le milieu des années cinquante, avec un taux moyen de croissance annuelle de 16 % entre 1955 et 1990, sous l'impulsion des constructeurs étrangers, français, allemands, américains et maintenant japonais.

2.3. Le Japon

La production japonaise croît régulièrement, sans véritable rupture depuis le début des années soixante. En revanche, l'expansion du marché intérieur s'infléchit au moment du premier choc pétrolier. Les immatriculations augmentent au rythme annuel de 28 % de 1951 à 1973, puis de 3 % par an de 1973 à 1990, à peu près comme dans les autres pays industrialisés : le marché japonais a rattrapé son retard au cours des années cinquante et soixante.

La production continue à croître rapidement après 1973 grâce aux exportations vers les Etats-Unis, mais aussi vers l'Europe : en 1990, le Japon a exporté 45 % de sa production (les pays européens exportent chacun une part supérieure de la leur, mais seul un petit nombre de ces voitures quitte le continent : globalement, en 1988 l'Europe occidentale n'a expédié que 7 % de sa production vers le reste du monde).

2.4. Après 1982 : une reprise éphémère

La production et les immatriculations se redressent après le creux de 1982. Celui-ci est particulièrement profond aux Etats-Unis où la production baisse de 46 % entre 1978 et 1982, et les ventes de 32 %. La reprise à partir de 1983 ramène en fait la courbe des immatriculations américaines sur la tendance étale amorcée en 1973. Pour l'avenir, l'institut DRI prévoit une croissance d'1,3 % par an entre 1990 et 1995.

En Europe aussi, la tendance engagée en 1973 est rattrapée après un creux en 1982, tant pour la production que pour les immatriculations. L'ouverture progressive des frontières et la pénétration des constructeurs japonais, dans un contexte de croissance plus lente qu'auparavant, tendent à rapprocher la structure des marchés américain et européen. La croissance prévue est toutefois un peu plus importante en Europe qu'aux Etats-Unis : 2,2 % par an entre 1990 et 1995 selon DRI (3,8 % par an en Allemagne grâce à la forte demande de l'est, 2,3 % par an au Royaume-Uni, 0,7 % par an en France et presque rien en Italie).

Enfin, le marché japonais croîtrait d'environ 1,5 % par an d'ici à la fin de la décennie.

Les résultats de 1990 et 1991 montrent bien que la forte reprise de la fin des années quatre-vingt était passagère. L'industrie automobile est rentrée en crise au second semestre de 1990. Au premier semestre de 1991, on a par exemple vendu en France 17 % de voitures de moins que durant la même période de 1990, 25 % de moins au Royaume-Uni et 27 % de moins en Suède. La chute a été limitée à 3 % en Italie et aux Pays-Bas (l'Allemagne a connu pour sa part une hausse de 50 % due au rattrapage en cours à l'est). Ces mouvements brusques annoncent une période de forte variabilité des marchés, qui ne sera plus absorbée par un « trend » croissant.

III. DES RÉPONSES À LA SATURATION

Les pays en voie de développement et les « nouveaux pays industrialisés » constituent une première réponse à la saturation de la demande dans les Etats les plus riches : ce sont de grands marchés potentiels, et aussi des zones intéressantes pour implanter des usines. L'extension des gammes sur les marchés traditionnels et l'ouverture de « niches » vont dans le même sens : trouver de nouveaux débouchés.

1. De nouveaux débouchés géographiques

Le marché de l'automobile hors de l'OCDE est potentiellement considérable : en Asie du Sud-Est, en Europe de l'Est, en Amérique Latine et, dans une moindre mesure, en Asie du Sud et en Afrique. Le taux de motorisation y est en effet fort bas : 120 voitures pour mille habitants en Pologne, 90 au Venezuela, 70 au Brésil, 50 en URSS, 25 en Corée du Sud, 10 au Sénégal, 2 en Inde, 1 en Chine, etc., au lieu de 546 aux Etats-Unis, 421 en Suisse, 398 en France et (seulement) 247 au Japon.

Les marchés du sud-est asiatique devraient croître de près de 10 % par an d'ici à la fin du siècle, mais leur volume est encore faible : moins de deux millions de véhicules aujourd'hui. L'Europe de l'Est est un autre « pôle » de croissance à long terme : malgré une probable stagnation en 1991 et 1992, les ventes pourraient augmenter de 110 % entre 1990 et 2010, contre 25 % seulement en Europe de l'Ouest. Les autres marchés sont encore secondaires (moins d'un demi-million de voitures en Afrique par exemple), ou en expansion plus modérée comme en Amérique Latine.

Les pays à faible coût de main-d'œuvre accueillent aussi des usines de montage de constructeurs étrangers, dont la production est destinée au marché local, mais aussi à l'exportation vers les zones les plus développées. Renault assemble par exemple des voitures en Yougoslavie et en Turquie, où Peugeot SA va à son tour investir 2 milliards de francs pour construire de nouvelles installations. Fiat a signé avec les Soviétiques des accords pour la construction annuelle de 600 000 voitures, et prévoit de fabriquer en Pologne 160 000 exemplaires par an du nouveau modèle 500 (dont plus de 60 % seront exportés). General Motors investira 600 millions de francs en Hongrie pour une capacité de 15 000 véhicules et 200 000 moteurs par an. Suzuki engagera 1 milliard de francs dans le même pays pour fabriquer 100 000 voitures annuellement, dont 40 % devraient être exportées. Volkswagen prévoit de consacrer 17 milliards de francs à la modernisation de l'industrie automobile est-allemande. En Tchécoslovaquie, la firme allemande investira 17 autres milliards dans Skoda, dont elle prendra au moins le quart du capital, et 3 milliards dans BAZ. Selon l'institut DRI, l'Europe de l'Est exportera 300 000 voitures vers l'Ouest en 1995, au lieu de 180 000 en 1989.

Plusieurs autres pays sont récemment devenus fabricants d'automobiles, et leur production est déjà appréciable : l'Espagne, avec plus de 2 millions de véhicules en 1990, le Brésil et la Corée du Sud avec environ 1,3 millions de véhicules (figure 16).

L'Amérique du Nord, l'Europe de l'Ouest et le Japon totalisaient 95 % de la production mondiale en 1964 (avec seulement 3,5 % pour le Japon). Ils dominent encore largement en 1990, mais ne fabriquent plus que 85 % des automobiles. En 1964, 1,4 millions de véhicules étaient échangés entre les grandes régions économiques (Amérique du Nord, Europe occidentale, Japon et reste du monde), soit 8 % de la production. Il y en avait presque 7 millions en 1990, soit 18 % du total. Mais en définitive, du fait des faibles volumes actuels, la multiplication des ventes d'automobiles sur les nouveaux marchés ne modifiera pas l'équilibre de l'industrie mondiale avant longtemps.

Figure 16 :
LES NOUVEAUX PRODUCTEURS D'AUTOMOBILES (millions de VP + VU)

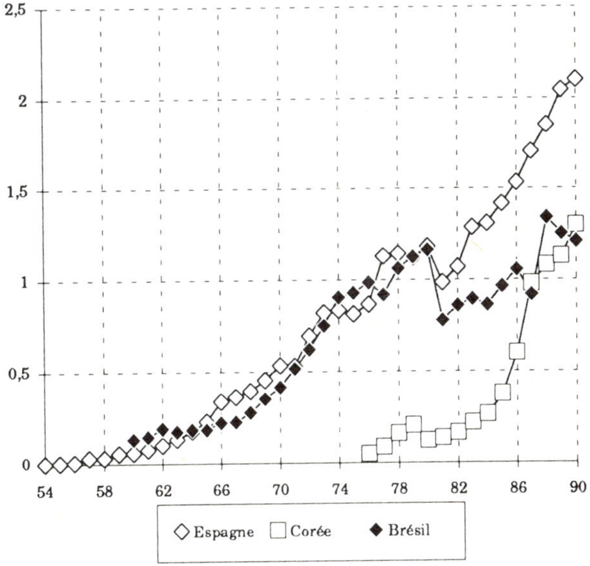

Source : CCFA.

2. L'extension des gammes

Les constructeurs s'efforcent d'être présents dans tous les segments, d'y diversifier autant que possible leurs véhicules pour toucher le plus de clients possible. C'est pourquoi beaucoup hésitent en Europe à abandonner les voitures économiques. C'est aussi la raison pour laquelle tous cherchent à affirmer leur présence dans le haut de gamme.

2.1. La descente en gamme

Le prix est le paramètre concurrentiel dominant dans le bas de gamme. Ce segment, de rentabilité médiocre et très concurrencé par les véhicules d'occasion, est désormais marginal en Europe de l'Ouest. Il est occupé par des constructeurs de l'Est et quelques modèles occidentaux (comme la Seat Marbella et la Fiat Panda). Les Japonais disposent dans leur catalogue de petites automobiles à bas prix (les « minicars »), mais l'enjeu paraît secondaire dans les pays riches.

Le marché des très petites voitures pourrait toutefois connaître un certain renouveau : ces véhicules peuvent aider à réduire les difficultés de la circulation urbaine et constituent en outre un « vecteur » de multi-motorisation, dont certains prévoient le rapide développement. De plus, les constructeurs européens répugnent à abandonner des parts de marché, même minimes, à des concurrents dont ils ne maîtrisent pas la croissance : ils pensent aux Etats-Unis, où les Japonais ont commencé par s'imposer avec des voitures « compactes », inconnues à l'époque des constructeurs de Detroit. C'est pourquoi Fiat a annoncé la sortie d'une nouvelle version de la 500 pour remplacer la Panda et Renault celle d'une petite voiture qui succédera à la R4. Volkswagen a passé un accord avec le fabricant des montres « Swatch » pour la production d'un petit véhicule à partir du milieu de la décennie, et sa filiale Seat a signé une alliance analogue avec Suzuki pour produire la remplaçante de la Marbella.

2.2. La montée en gamme

Les constructeurs généralistes européens et américains veulent entrer dans le segment supérieur du marché, dont la part relative devrait s'accroître. Pour cela ils coopèrent avec des spécialistes, ou les absorbent. Fiat contrôle Lancia, Alfa-Romeo (que convoitait Ford lors de la privatisation de 1987), Ferrari et Maserati. Audi fait partie du groupe Volkswagen. Renault, qui construit déjà les Alpine, s'est allié avec Volvo. Chrysler détient 100 % de Lamborghini et contrôle Jeep, acheté à Renault en 1987 avec American Motors (AMC). Ford, qui possédait déjà 75 % d'Aston Martin, a absorbé Jaguar à la fin de 1989 après le succès de son offre publique d'achat et l'éviction in extremis de General Motors. Ce dernier, actionnaire unique du Britannique Lotus, a acheté au début de 1990 à Saab-Scania la moitié de sa division automobile, que convoitait aussi Fiat.

Les Allemands Daimler Benz, BMW et Porsche sont les derniers grands spécialistes indépendants. Ils bénéficient, il est vrai, de positions très fortes sur le marché allemand et d'une image de marque exceptionnelle qui favorise la grande exportation. Ils ont acquis une position financière solide leur permettant d'entamer des diversifications, tout en dominant leurs « niches » pour devenir de véritables « spécialistes mondiaux ». Un tiers du chiffre d'affaires de Daimler Benz provient de l'électronique (AEG) et de l'aéronautique (Deutsche Aerospace). BMW, à son échelle, poursuit une politique comparable avec par exemple une prise de participation dans la branche « moteurs d'avions » du groupe Koeckner-Humbolt-Deutz en mai 1990. Toutefois, les spécialistes allemands ont des problèmes de « taille critique » qui les conduisent à descendre en gamme pour augmenter leur production : Daimler Benz fabrique la Mercedes 190, qui est une voiture moyenne, et BMW envisagerait de construire un « petit » modèle de 1,3 à 1,6 litres de cylindrée dans les dernières années du siècle. Quant à

Porsche, son indépendance paraît menacée et certains envisagent son rapprochement avec des firmes telles que Volkswagen ou Daimler Benz.

Les Japonais, arrivés sur le marché de l'automobile par le bas avec des petites voitures, initialement de médiocre qualité, abordent les segments supérieurs avec une technique du meilleur niveau (comme le prouvent leurs victoires en Formule 1 ou aux 24 Heures du Mans), et pour objectif affiché de concurrencer les constructeurs de luxe européens, et singulièrement les Allemands. Ils ont créé pour cela des marques nouvelles et des réseaux spécialisés pour les automobiles de luxe : Acura (Honda), Lexus (Toyota), Infiniti (Nissan) et Amati (Mazda). Le principal avantage concurrentiel des spécialistes européens est en effet leur image de marque. Il faut l'entretenir par le marketing et par des innovations que J. Baudrillard qualifierait d'« inessentielles », mais dont le coût de mise au point est élevé, alors même que les marges tendent à diminuer sous la pression de la concurrence. Les firmes européennes craignent une « fuite en avant » technique, comparable à celle qu'on observe dans l'électronique grand public. E. von Kuenheim, président de BMW, s'attend « dans les prochaines années à une rude concurrence en matière de prix sur tous les marchés ». Les Japonais sont d'autant plus tentés de monter en gamme que les voitures de plus de deux litres de cylindrée occupent une part croissante de leur marché intérieur (4,5 % en 1988), et que près d'un tiers d'entre elles sont importées, principalement d'Allemagne (la part de marché des importations serait proche de 10 % dans la ville de Tokyo).

3. De nouvelles fonctions pour les automobiles

La création de nouvelles fonctions, suscitant ou répondant à de nouveaux besoins, pourrait contribuer à relancer la demande d'automobiles.

3.1. Les fonctions d'environnement

Les préoccupations écologiques touchent pleinement l'industrie automobile. Elles constituent à la fois une contrainte industrielle et, pour qui les domine, un argument de marketing.

En décembre 1987, la Commission Européenne a proposé une réglementation contre la pollution par les automobiles, applicable dès 1988 pour celles dont la cylindrée dépasse 2 litres, à partir de 1989 pour les moteurs d'1,4 à 2 litres, et de 1993 pour les voitures plus petites. Mais plusieurs pays ont préconisé des mesures plus sévères (correspondant à la norme américaine), si bien que sous la pression du Parlement Européen et pour sauvegarder l'unité du marché, les ministres de l'environnement de la Communauté ont décidé en juin 1989 d'adopter les normes américaines d'environnement pour toutes les voitures. Elles seront obligatoires à partir de 1993, et leur adoption précoce a été encouragée par des incitations fiscales. Pour répondre à ces normes, les automobiles devront toutes être équipées d'un pot d'échappement catalytique et d'un système d'injection électronique. Ces mesures entraîneront une hausse sensible de leur prix : le surcoût dû au pot catalytique serait de l'ordre de 5 000 francs pour une petite voiture comme la Renault Clio.

Après l'essence, les moteurs diesel – accusés de rejeter des particules microscopiques très nocives – devraient être touchés par des mesures équivalentes. Leur part de marché décroît rapidement en Europe depuis quelques années : en Allemagne, elle est par exemple passée de 27 % à 11 % entre 1986 et 1990 (la France fait exception, avec une part de marché à la fois élevée et en croissance pour le diesel). En revanche, les moteurs électriques pourraient enfin trouver une application commerciale : Renault devrait commercialiser une Clio électrique en 1993, et Peugeot une 106 électrique en 1994. Ces véhicules conviendront bien à l'usage urbain et pourront compléte•

l'équipement des ménages possédant déjà une voiture « classique », réservée dès lors aux longs trajets.

Les émissions gazeuses ne sont pas les seules nuisances dues aux automobiles : leur destruction et le recyclage de leurs constituants préoccupent les constructeurs et influencent de plus en plus leurs choix de matériaux. Volkswagen a annoncé qu'il réduirait l'utilisation des plastiques renforcés tant qu'on ne saurait pas les recycler aussi facilement que les métaux. Il a aussi installé un atelier pilote pour le retraitement des pare-chocs, en collaboration avec le chimiste néerlandais DSM. Quant à BMW, il a créé en Bavière une usine de démontage et de recyclage des carcasses de voitures dont le savoir-faire est destiné à être cédé à un réseau indépendant de « recycleurs agréés ». En France, Peugeot SA va expérimenter une usine pour traiter les vieilles voitures et récupérer des pièces, des métaux et des déchets pouvant servir de combustible pour des fours. Le constructeur français a en outre initié un programme de recherche Eurêka avec Fiat et des chimistes (ICI et Enimont), sur le recyclage des pièces en plastique (c'est le programme « Recap » : « recycling of automobile plastics »). Quant à Renault, il prévoit de généraliser auprès de ses distributeurs européens un système de collecte des épaves qui devrait récupérer chaque année, à partir de 1992, 8 000 tonnes de plastique, 50 000 pots d'échappement catalytiques (ils contiennent du platine), 700 000 batteries (elles contiennent du plomb) et 3 millions de litres de solvants.

Un récent rapport de Ford affirmait que les préoccupations d'environnement allaient affecter « la taille et le dessin des automobiles, ce dont elles seront faites, comment elles seront fabriquées, où elles auront le droit d'aller, et même qui pourra en posséder »...

3.2. Les fonctions liées à l'électronique

L'électronique permet d'offrir de nombreuses fonctions nouvelles.

La part des équipements électroniques dans le coût d'un véhicule devrait passer de 1,5 % en Europe, et 4,5 % aux Etats-Unis et au Japon aujourd'hui, à respectivement 10 et 15 % au milieu des années quatre-vingt-dix. Bosch et Bendix estiment qu'en 1995, 40 % des véhicules seront munis de systèmes de freinage anti-blocage (ABS), pour un chiffre d'affaires de 60 milliards de francs. Globalement, le marché de l'électronique automobile pourrait approcher de 60 milliards de dollars en 2000, au lieu de 11 milliards en 1985 et 30 milliards en 1990.

Parmi les principaux équipements pouvant se développer, citons le contrôle du moteur, l'auto-diagnostic des incidents, l'anti-blocage des roues, la transmission automatique, le radar anti-collision, la suspension active, les systèmes d'affichage et d'aide à la conduite. Les constructeurs japonais croient à une alliance des télécommunications et de l'automobile, avec le téléphone puis la télécopie embarqués. A plus long terme, évoquons la conduite en convoi sur les autoroutes, avec un espacement de quelques dizaines de centimètres entre les véhicules (de l'ordre de 50 centimètres à 120 kilomètres à l'heure), que Volkswagen expérimente à la suite du programme européen Prometheus ; ou la navigation « globale », grâce à des liaisons entre les automobiles et des satellites.

Ces nouvelles fonctions pourraient faire évoluer sensiblement la structure de l'industrie, surtout en Europe où les métiers de l'électronique sont encore mal connus des constructeurs.

IV. LES LIMITES DE L'OFFRE : L'ORGANISATION DE LA PRODUCTION

1. Les symptômes d'une crise

1.1. Une baisse tendancielle du taux de profit

La saturation de la demande s'accompagne d'un épuisement des possibilités de l'offre : l'innovation se tarit et les coûts de fabrication augmentent. La diminution des marges par véhicule s'ajoute donc à la stagnation du nombre de voitures vendues pour faire baisser les profits des constructeurs.

Considérons par exemple la courbe de la rentabilité de General Motors depuis sa création (figure 17). La firme a enregistré des profits élevés durant les années vingt et trente, au moment où ses ventes ont dépassé celles de Ford, mais la baisse commence dès le milieu des années trente. La rentabilité moyenne de la période 1946-1973 est de 7,7 %. Elle décroît ensuite régulièrement, pour atteindre en moyenne 3,7 % entre 1973 et 1990.

Figure 17 :
RENTABILITÉ DE GENERAL MOTORS AU COURS DE SON HISTOIRE
(Résultat net/CA en %)

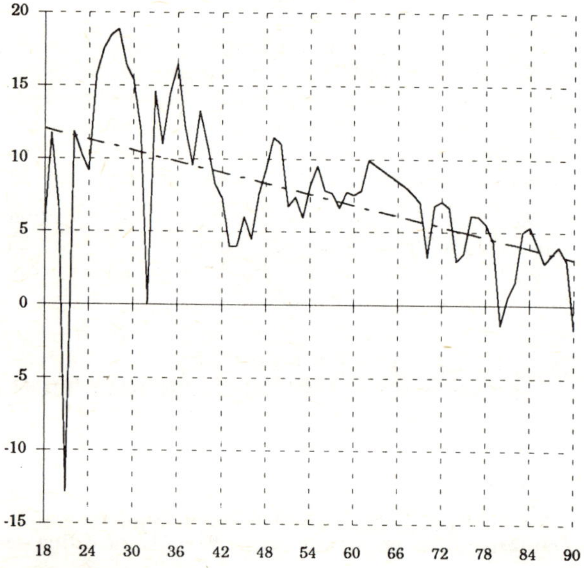

1.2. Premières réactions : l'augmentation des prix

Dès les premiers signes de saturation de la demande et d'épuisement des possibilités de l'offre, les constructeurs ont cherché à rétablir leurs marges – ou, en tout cas, à freiner leur diminution – en augmentant les prix et en faisant payer au client les innovations qui, jusqu'alors, étaient financées par des gains de productivité.

Examinons la courbe du prix moyen des voitures aux Etats-Unis (figure 18). Pour l'équivalent du modèle de 1967, c'est-à-dire sans innovation, ce prix diminue de 15 % entre 1967 et 1975, mais il se stabilise ensuite. Dans le même temps, le prix de vente moyen effectif, après une baisse de 8 % jusqu'en 1975, remonte régulièrement ensuite pour atteindre en 1986, 1,2 fois celui de 1967. Cette hausse est due à une « sophistication » croissante des automobiles, surtout après le premier choc pétrolier, que les constructeurs font payer de plus en plus cher aux consommateurs. La tendance est identique chez la plupart des constructeurs européens, comme le montre l'exemple de Renault sur la figure 18.

Mais cette politique ne peut durer, du fait du poids croissant des achats d'automobiles dans le budget des ménages. On le pressent dans l'augmentation de la durée de vie des voitures, qui traduit l'étalement de leur amortissement sur une plus longue période : leur coût annuel « apparent » croît donc moins vite que leur prix (une récente étude de l'INSEE faisait toutefois l'hypothèse d'une part de 7 % dans les dépenses des ménages français pour l'achat de véhicules en 2010, au lieu de 4 % actuellement).

2. La crise du taylorisme

Les constructeurs n'arrivent plus à entretenir la demande tout en conservant des coûts acceptables, comme ce fut le cas pendant cinquante ans. En fait, c'est le principe même de l'« organisation scientifique du travail » qui est mis en cause, et d'abord par les ouvriers.

Figure 18 :
PRIX MOYEN DES VOITURES EN MONNAIE CONSTANTE (indice 100 en 1967)

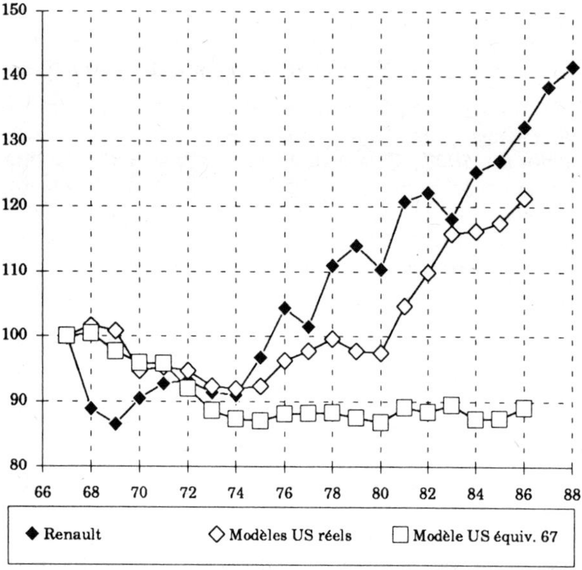

Les contradictions sociales du taylorisme éclatent en effet au début des années soixante-dix, avec ce qu'on a appelé la « révolte des OS ». Le taylorisme, rappelons-le, repose sur une « désagrégation scientifique » des tâches : parcellisation de la fabrication, séparation entre celle-ci, le contrôle, la maintenance et la conception. La chaîne d'assemblage et les machines spécialisées sont les outils de la fabrication tayloriste, qui suppose des séries de plus en plus grandes d'objets standardisés et entraîne une « déqualification » du personnel. En 1926, seule la moitié des effectifs de Renault est composée d'ouvriers spécialisés (OS) ; ils sont deux tiers en 1939 et trois quarts pendant les années soixante-dix.

Or depuis une vingtaine d'années, la parcellisation des tâches est de plus en plus mal acceptée par les ouvriers, ce qui a pour conséquences d'augmenter l'absentéisme et de diminuer la qualité des produits. De nombreux conflits (souvent des grèves sauvages qui échappent au contrôle des syndicats) éclatent en Europe au cours des années soixante-dix. C'est ainsi que Renault « perd » 60 000 véhicules en 1973 et 100 000 autres en 1975.

Par ailleurs, alors que les marchés paraissent moins réceptifs aux produits de masse, les gains de productivité potentiels sont pratiquement épuisés, et sont même annulés par les « coûts cachés ». La maximisation de la productivité pour chaque poste de travail a en effet conduit les ingénieurs à négliger l'organisation d'ensemble des usines : ils ont laissé s'accumuler les stocks intermédiaires et ont construit un système rigide, dont la moindre modification est coûteuse en temps et en argent (modification des programmes de fabrication ou des produits eux-mêmes, temps morts pour les changements d'outillages ou l'entretien, etc.).

Certains, comme les chercheurs du MIT auteurs d'un livre sur « La Machine qui a changé le monde », voient dans le « modèle japonais » la solution à la crise du taylorisme.

3. Le modèle japonais et ses limites

Le système japonais de gestion de la production et des approvisionnements fut « inventé » à partir de 1948 par Taiichi Ohno (voir encadré 1), qui mit quinze ans à le perfectionner et à l'imposer chez Toyota. Le système traditionnel était commandé par l'amont : les ateliers transformaient tout ce qu'on leur envoyait, sans considération de la demande finale, et stockaient leur production au cas où on n'en avait pas immédiatement besoin. Le système Toyota fonctionne quant à lui en « flux inversé », en fonction de la demande :

chaque atelier, à commencer par la ligne d'assemblage final, commande à son amont exactement ce dont il a besoin.

La méthode Toyota nécessite la fabrication de petits lots et leur livraison « juste-à-temps » à l'atelier client. Elle permet l'élimination des stocks tampons. Elle exige des machines flexibles dont le temps de réglage et de démarrage soit réduit, et autorise donc un surcroît de variété (celle-ci n'était pas l'objectif initial de Toyota, qui cherchait à réduire ses coûts et ses stocks, et à obtenir une productivité équivalente à celle des Américains avec des séries encore bien inférieures). Les efforts de T. Ohno ont également porté sur la main-d'œuvre : les temps morts ont été éliminés, et les ouvriers « déspécialisés » afin de pouvoir faire fonctionner simultanément plusieurs machines. Le système Toyota fut appliqué aux fournisseurs à partir de 1954-1955 et s'est étendu, à des degrés divers, aux autres constructeurs d'automobiles japonais.

Les auteurs du MIT parlent à propos du système Toyota de « production maigre » (« lean production »), dans la mesure où il élimine les « graisses inutiles » de l'industrie (stocks, temps morts, sur-effectif, sur-équipement, etc.). Ils le qualifient de progrès décisif, et même de vecteur d'une nouvelle ère industrielle qui succéderait à la production de masse tayloriste. En fait, une analyse des conditions sociales et industrielles du système japonais montre qu'il serait plus approprié de le qualifier d'« hyper-taylorisme », tant les buts de F. Taylor et T. Ohno se ressemblent, même si les moyens et la mise en œuvre sont assez différents. La « révolution » japonaise est au mieux une évolution, au pire une régression, comme le suggéraient récemment J. Delors et J. Calvet.

F. Bricnet et P. A. Mangolte parlent quant à eux d'un « néo-taylorisme flexibilisé », défini au plan social par « la réduction des effectifs tout d'abord, celle du coût salarial ensuite, la « modernisation imposée » de l'appareil productif et du contrat salarial » enfin. La « production maigre » suppose la « gestion par la tension » (« management by stress », selon le mot de syndicalistes américains), en imposant aux ouvriers « une disponibilité permanente que le taylorisme et le travail à la chaîne n'avaient jamais cherché à obtenir » (A. Ehrenberg). Maintenant « la contrainte est dans la tête », dit un ouvrier français. « La philosophie et la pratique des flux tendus, écrivent encore F. Bricnet et P. A. Mangolte, poussent à l'extrême le principe de la chaîne, l'intégration de toutes les fabrications dans un seul mouvement, parfaitement coordonné, qui d'ailleurs dépasse les limites de l'usine puisque dans son principe il doit englober équipementiers, sous-traitants, etc. »

Au Japon même, loin de créer le consensus, le « système Toyota » fut une des causes des grèves du début des années cinquante, les ouvriers se plaignant de l'accélération des cadences et de la multiplication des heures supplémentaires. Aujourd'hui, le Japon subit une pénurie générale de main-d'œuvre, mais les industriels soulignent que le recrutement est encore plus difficile dans leur secteur, du fait de la réticence des jeunes Japonais envers l'usine, ce qui pousse les firmes à renforcer leurs efforts d'automatisation. L'institut de recherche de la banque Fuji estime que, si 40 % des investissements des constructeurs d'automobiles servent à la mise au point de nouveaux modèles, 20 % sont utilisés pour l'automatisation des usines, alors qu'une part importante des 40 % restants est consacrée aux investissements sociaux en faveur du personnel, et à l'amélioration des conditions de travail afin de rendre les emplois industriels plus attrayants. Il semble par ailleurs que l'acclimatation du système japonais hors de l'archipel nippon soit beaucoup plus difficile qu'on l'a cru naguère, comme le montrent certaines études sociologiques sur les « transplants » de l'industrie automobile japonaise aux Etats-Unis.

Quel que soit le système qu'ils créeront ou adopteront, les constructeurs d'automobiles devront étoffer de plus en plus leur catalogue, tout en essayant de conserver des effets d'échelle en fabrication, et d'en obtenir aussi dans les bureaux d'études et les réseaux commerciaux.

4. Les nouveaux métiers de fabrication

4.1. La variété et la flexibilité

Pour étoffer leur gamme, les constructeurs procèdent à des modifications mineures – en termes de coût – des « concepts » de base. Ils combinent un nombre relativement petit de composants élémentaires produits en grandes séries pour multiplier les variantes. Ils accentuent la diversité en utilisant des systèmes fabriqués en plus petites séries, le plus souvent par des sous-traitants, dont le coût est modéré et le prix de vente élevé – ce sont les « options ». La gamme Renault de 1989 contenait par exemple dix versions de la R25, mais en combinant toutes les variantes et options – boîte de vitesses manuelle ou automatique, couleur, sellerie, radio, options diverses – on pouvait définir plus de 120 000 possibilités. En fait, la fabrication standardisée continue à dominer l'amont de l'assemblage final, auquel incombe la « création » de la variété.

Les constructeurs essaient en outre de rendre leurs usines plus flexibles : il faut non seulement offrir une gamme très diversifiée, mais aussi être capable de faire face à des à-coups de la demande, en termes de quantité aussi bien que de « mix » (c'est-à-dire de composition, pour un volume donné). Les Japonais sont assurément les plus avancés dans ce processus, mais les autres firmes comblent peu à peu leur retard. Contrairement à une opinion parfois formulée, et comme le soulignait récemment un responsable de Honda, « pour obtenir la flexibilité, la main-d'œuvre humaine est ce qu'il y a de mieux ». Le développement des robots et de l'automatisation est plus dicté par des considérations de coût, de qualité ou de conditions de travail (voire de pénurie de main-d'œuvre, comme au Japon) que par la recherche d'une plus grande flexibilité.

4.2. Les effets d'échelle

L'augmentation de la « taille critique » pour les constructeurs et l'importance croissante des effets d'échelle sont illustrées par les difficultés de la plupart des spécialistes, qui ont été contraints de se rapprocher des généralistes. La principale différence entre les deux catégories de firmes est la taille des séries. Leur diminution apparente du fait de la diversité accrue des gammes est loin d'avantager les spécialistes, pourtant habitués à de tels volumes. Ils perdent en effet leur singularité technique face à de très grandes firmes aux moyens financiers et techniques beaucoup plus importants. Le président de Ford Europe déclarait lors du rachat de Jaguar que les nouvelles méthodes de production « permettent plus de flexibilité pour produire une large gamme, et favorisent donc les grands producteurs ».

En outre, les spécialistes ont de plus en plus de mal à financer la mise au point de nouveaux modèles. En effet, si les économies d'échelle tayloristes provenaient surtout des usines, la conception y contribue aujourd'hui de plus en plus, du fait de l'alourdissement des coûts de développement et d'industrialisation. Les investissements de conception et de fabrication engagés par Citroën pour la XM atteignent par exemple 7,5 milliards de francs, et 5,8 milliards pour la ZX, dont 1,7 milliards pour les seules études. Le développement de la troisième génération des Golf a coûté 9 milliards de francs à Volkswagen ; Renault a dépensé 6,5 milliards pour la Clio et Peugeot SA 4,5 milliards pour la 106.

La crise de l'automobile ne paraît donc pas correspondre à un affaiblissement des économies d'échelle, au contraire. Elle coïncide en revanche avec le rôle croissant de la conception, mais aussi de la commercialisation et des contacts avec le marché. Le constructeur doit en effet réagir aux fluctuations quantitatives et qualitatives de la demande à l'aide d'un outil industriel flexible, mais pour cela il doit collecter et traiter convenablement l'information en provenance des consommateurs. Les Japonais insistent bien sur le déplacement progressif de l'usine vers le réseau commercial des avantages concurrentiels liés à la taille et sur le fait que la dimension est plus que jamais un point fort. Elle constitue notamment une couverture contre l'incertitude : en étant présent sur un grand nombre de segments du marché et en traitant un gros volume d'information, il est possible pour la grande firme de diluer le risque.

V. L'ORGANISATION D'ENSEMBLE DU SYSTÈME AUTOMOBILE

1. De nouveaux besoins

Les constructeurs d'automobiles, dont les moyens financiers ne sont pas illimités, sont confrontés à des coûts de développement croissants et à la nécessité d'améliorer la flexibilité et la qualité dans leurs grandes usines d'assemblage. Beaucoup d'entre eux choisissent donc de se « recentrer » sur leurs « métiers de base » et de se « désintégrer » partiellement, c'est-à-dire de faire appel, pour un nombre croissant de composants, à des fournisseurs extérieurs.

En France par exemple, Renault s'est successivement séparé de la SAFE (aciers spéciaux, 1982), de Renix (équipements électroniques, 1985), de la Sotexo (sièges, 1987), de la FASS (roues en aluminium et pièces diverses, 1987), de la CPIO (plastiques et caoutchoucs, 1988), de la SMM (pistons et mécanique, 1989), d'une usine de câblage au Portugal (1990), de 35 % de la SMI cédés au Japonais Koyo Seiko (directions assistées, 1990) et des Forges de Maurienne (vis et boulons, 1991).

Les fournisseurs prennent une importance accrue dans le « système automobile », et les constructeurs doivent établir des relations à long terme, fondées sur la « confiance mutuelle » et le partage de certains savoir-faire, allant au-delà de la traditionnelle relation commerciale fondée uniquement sur le prix. Le « partenariat », encore une fois d'inspiration japonaise, est à tort ou à raison le nouveau mot d'ordre des services d'achat de la construction automobile. En outre, celle-ci doit réfléchir à l'intégration éventuelle de nouvelles compétences de plus en plus stratégiques, notamment dans l'électronique.

2. L'évolution de la sous-traitance

2.1. Le modèle japonais

2.1.1. Description

Le taux d'intégration des constructeurs nippons, c'est-à-dire le pourcentage de leur valeur ajoutée dans le prix des voitures, est formellement le plus faible du monde. Il serait de 25 à 30 %, contre un peu plus de 30 % chez Volkswagen et Renault, près de 35 % pour Peugeot SA, 40 % pour Ford et 50 % pour General Motors. En fait, même s'il n'en ont pas la propriété juridique, les constructeurs japonais contrôlent une grande partie de leurs fournisseurs « indépendants ».

Leur approvisionnement est organisé en « pyramides » dont ils occupent la pointe. Les cent ou deux cents fournisseurs de « premier rang » vendent des systèmes assemblés prêts au montage final. Ils sont eux-mêmes approvisionnés par des fournisseurs de deuxième rang (deux à trois mille), pour qui travaillent les fournisseurs de troisième rang (sept à dix mille), qui à leur tour font appel à des entreprises plus petites. En Europe et aux Etats-Unis, les constructeurs ont un approvisionnement moins hiérarchisé et sont en contact direct avec un nombre de fournisseurs plus grand qu'au Japon (selon le MIT, en 1990 chaque usine d'automobiles japonaise avait en moyenne 170 fournisseurs directs, contre 440 en Europe et 510 aux Etats-Unis).

A cette hiérarchie verticale s'ajoute une hiérarchie horizontale. Les filiales des constructeurs sont chargées des composants les plus stratégiques (sièges, pare-chocs, planches de bord, grosses pièces de fonderie, etc.). Les constructeurs ont en outre des sous-traitants « privilégiés », dans lesquels ils détiennent une petite participation (de l'ordre de 10 à 20 %) et dont ils déterminent les orientations à long terme. Les autres fournisseurs sont des sous-traitants « ordinaires » ou des fabricants de biens sur catalogue (comme les bougies). Les filiales et sous-traitants privilégiés sont organisés en associations, qui ont pour but de favoriser la communication des fournisseurs entre eux et avec leur donneur d'ordres, lequel délègue souvent ses cadres à des postes de responsabilité chez ses sous-traitants.

La pyramide des fournisseurs forme un système stable et fermé : par exemple, parmi les 171 fournisseurs de premier rang de Toyota en 1984, 153 le sont depuis 1973 au moins ; on estime par ailleurs que deux tiers des fournisseurs de l'automobile sont très fortement liés à un constructeur particulier. La stabilité des liens permet aux sous-traitants de se concentrer sur la technique et l'innovation, et d'engager sans risque des investissements à long terme.

Les bureaux d'études des constructeurs délèguent une partie de la conception aux fournisseurs. Ils leur envoient un cahier des charges fonctionnel, rendant compte des performances attendues du composant et de son insertion dans le processus de production et le produit final. Les fournisseurs sont tenus d'atteindre une qualité extrême (avec des taux de défaut mesurés en parties par million), sous peine de pénalités financières. Ils peuvent recevoir l'aide des techniciens du donneur d'ordres, dont le rôle est aussi de diffuser l'innovation à l'ensemble des fournisseurs (y compris quand elle vient de l'un d'entre eux : il leur est difficile de conserver des secrets de fabrication).

La stabilité des liens diminue peu la souplesse du système, et une relative flexibilité en volume est assumée par les salariés. Les augmentations de la demande sont absorbées par l'emploi précaire et les heures supplémentaires (qui ne sont pas intégralement payées). A l'inverse, lors de baisses conjoncturelles les constructeurs détachent du personnel dans leurs filiales, où les conditions de travail et les salaires sont moins bons. Ils réintègrent aussi momentanément des tâches sous-traitées, provoquant la chute des commandes à l'autre extrémité de la pyramide, dans les entreprises où la main-d'œuvre a le statut le plus instable.

L'actuelle organisation japonaise permet d'absorber remarquablement les petites variations de la demande et de susciter de nombreuses innovations « incrémentales ». Elle paraît en revanche moins adaptée à la forte volatilité des marchés et au besoin d'innovations plus radicales.

2.1.2. Interprétation et limites

Les auteurs « culturalistes » voient l'origine du système de sous-traitance japonais dans la féodalité, qui fut seulement abolie à la fin du XIXe siècle. En fait, l'organisation actuelle est plus récente : elle apparaît à la fin des années cinquante à l'initiative des grandes firmes d'assemblage, pour réagir à la forte croissance de la demande et aux tensions sur le marché du travail. Auparavant, les relations entre donneurs d'ordres et sous-traitants étaient conformes au modèle américain, où le fournisseur se contente d'exécuter un plan, après avoir été choisi sur le seul critère du prix.

E. de Banville et J.-J. Chanaron pensent que le « système congloméral » japonais n'est qu'un très habile développement du modèle américain d'intégration et de domination des donneurs d'ordres sur leurs fournisseurs. Il exploiterait les différences de flexibilité et de conditions sociales entre les grandes entreprises et des firmes plus petites dont l'indépendance formelle serait une fiction. Cette analyse paraît juste, mais n'a rien de surprenant : la logique des grandes firmes est bien de « fuir » la concurrence « pure et parfaite », de faire jouer les rapports de forces en leur faveur et de dominer les entreprises moins puissantes (« le capitalisme s'appuie toujours, obstinément, sur des monopoles de droit ou de fait », observe F. Braudel).

Les faiblesses (relatives) du modèle japonais apparaissent en fait lors de son internationalisation. Elles proviennent de sa rigidité et de l'« étanchéité » des pyramides de fournisseurs (en outre, l'éclatement géographique de la production et l'hétérogénéité culturelle qui en découle risquent de mettre en cause beaucoup des spécificités nipponnes ; P. Delmas pense même qu'« examiné globalement, le vrai miracle japonais est la tolérance sociale à une organisation d'une telle violence »). Les équipementiers japonais installés à l'étranger pour servir les « transplants » de leur donneur d'ordres habituel diversifient leur clientèle pour bénéficier de volumes de production et de vente suffisants. Il est probable que cette ouverture se transmettra au Japon et que les fournisseurs « globalisés » souhaiteront exploiter leur nouvelle autonomie.

Les constructeurs ne sont pas opposés à cette évolution. Les fournisseurs ont acquis des compétences, et leurs clients une puissance telles qu'un relâchement du contrôle devrait avoir des conséquences positives pour les donneurs d'ordres : une concurrence plus intense sur les prix et l'innovation, sans perte de qualité des produits et des services. L'évolution des voitures vers plus de variété agit dans le même sens : on peut obtenir plus de modèles différents en combinant des composants et des systèmes relativement interchangeables provenant de sources variées.

2.2. Vers de nouvelles relations de sous-traitance

En conclusion, si un partenariat pur et sans arrière-pensée semble un peu utopique, et pour tout dire contraire à la logique des grandes entreprises, l'instauration de relations de type coopératif est souhaitable pour que le « système automobile » s'adapte aux nouvelles conditions de la croissance, c'est-à-dire à la fois à la volatilité d'une demande ralentie et au besoin de relations de longue durée découlant des exigences nouvelles de la technique. Ces relations coopératives diffèrent du modèle de sous-traitance classique qui ignore la durée, mais aussi du modèle nippon, trop rigide et insuffisamment concurrentiel.

3. Les nouveaux métiers du système automobile

3.1. Automobile, aéronautique et électronique

L'industrie automobile entretient des rapports anciens avec l'aéronautique. Ainsi BMW est né en 1916 dans ce secteur, qu'il a dû abandonner après 1945. Renault a construit des moteurs d'avions jusqu'à la Seconde Guerre mondiale. General Motors a été présent dans l'aéronautique entre 1929 et 1948, et y est revenu en 1985 avec le rachat de Hughes Aircraft. En 1989, c'est Daimler Benz qui a acquis l'avionneur allemand MBB. Ford était également intégré dans ce secteur avec Ford Aerospace (satellites), mais il a vendu cette division en 1990, à l'instar de Chrysler qui a cédé Gulfstream Aerospace quelques semaines plus tard.

Les métiers communs à l'automobile et à l'aéronautique se trouvaient à l'origine dans la motorisation, alors similaire pour les deux types d'engins. Mais les principales compétences liant les deux secteurs n'appartiennent plus à la propulsion. Elles ne relèvent que marginalement des matériaux : les coûts sont trop différents pour qu'on puisse envisager des transferts importants de l'aéronautique vers les voitures de grande série.

En revanche, les avionneurs sont devenus depuis une vingtaine d'années des industriels de l'électronique. 30 à 60 % du coût d'un avion provient aujourd'hui de son électronique, et les firmes de l'aéronautique savent concevoir celle-ci en tenant compte de contraintes qui intéressent beaucoup l'automobile (légèreté, fiabilité, résistance à la température, aux vibrations, à la corrosion, etc.).

En fait, les constructeurs américains sont depuis longtemps présents dans l'électronique. Ainsi Ford possède une « Electrical and Electronics Division » et même un « Audio Products Group », qui fabrique des autoradios. General Motors est également intégré dans la production d'équipements électroniques. Sa filiale Delco Electronics fait partie des leaders mondiaux de l'électronique automobile.

Formellement, les constructeurs japonais sont faiblement intégrés dans ce domaine, à l'exception notable de Toyota qui contrôle Nippondenso. Mais l'organisation de l'industrie fait qu'il existe une longue tradition de coopération entre les constructeurs d'automobiles et les grands électroniciens. Ainsi Mitsubishi Electric a des liens privilégiés avec Mitsubishi Motors, Hitachi avec Nissan, et Fujitsu avec Isuzu.

En Europe, Renault fut parmi les premiers à s'intéresser à l'électronique, en créant Renix en 1979 avec l'Américain Bendix (il s'est depuis séparé de cette filiale). Son concurrent français, Peugeot SA, ne souhaite pas devenir fabricant d'électronique et se contente, comme Renault désormais, de faire de la recherche en ce domaine. Il a passé un accord technique avec les Avions Dassault, aux termes duquel chacun fait profiter l'autre de ses métiers spécifiques (simulation, matériaux composites, électronique embarquée, assistance au pilotage, etc., pour Dassault ; robotique, organisation de la production, etc., pour Peugeot). Renault, de son côté, collabore avec l'Aérospatiale. En Allemagne, Daimler Benz contrôle AEG, et BMW prend depuis plusieurs années des participations dans de petites et moyennes entreprises d'électronique. En Italie, Fiat est présent dans le secteur par son équipementier intégré, Magneti Marelli, qui multiplie les prises de participation. Fiat et sa filiale travaillent par ailleurs avec l'Américain Motorola dans l'informatique et l'électronique appliquées à l'automobile.

3.2. Les enjeux pour les constructeurs

Les opérations entre British Aerospace et Rover (le premier détient 80 % du second), General Motors et Hughes Aircraft, Peugeot SA et Dassault, Isuzu et Fujitsu, etc., préfigurent peut-être l'arrivée de nouveaux acteurs dans l'industrie automobile, provenant de l'électronique, et plus généralement des industries de « haute technologie ».

Certains y sont conviés par les constructeurs eux-mêmes. Ainsi en France, Renault et Peugeot SA souhaitent que Sagem, spécialiste de l'électronique militaire et des télécommunications, devienne équipementier pour l'automobile. Ils redoutent probablement le pouvoir de Bosch, et voudraient susciter de nouvelles « vocations » sans pour autant s'intégrer dans l'électronique. On sait que plusieurs grandes firmes du secteur sont déjà présentes dans les équipements pour automobiles : Philips, Hitachi, Siemens, Motorola, etc., avec des ventes encore assez réduites, mais appelées à s'accroître. Ainsi en 1988, Siemens a acheté à Allied Signal la division électronique de Bendix, pour former Siemens Automotive qu'il considère comme un axe de développement privilégié. De même, Alcatel s'est associé avec General Motors pour travailler sur les radiotéléphones. Comme symbole de l'intérêt des électroniciens pour l'automobile, on peut encore citer des programmes de recherche européens où ils interviennent au côté de constructeurs ou d'équipementiers traditionnels : Demeter (cartographie assistée par ordinateur, avec Philips et Bosch), Carminat (systèmes de navigation, avec Renault et Philips), etc.

L'implication croissante des électroniciens dans l'industrie automobile constitue un phénomène important. Leur taille est comparable à celle des constructeurs, comme celle des fournisseurs de matériaux, métallurgistes, verriers ou chimistes. Mais ils sont plus proches des marchés finaux et les rapports de force leur sont donc plus favorables qu'aux autres fournisseurs : le partage des marges au sein de la filière pourrait en être affecté.

Alors que d'autres acteurs puissants apparaissent au côté des constructeurs, plusieurs d'entre eux profitent de leur puissance financière pour se diversifier vers les métiers de ces nouveaux acteurs. L'éviction à la tête de Fiat de V. Ghidella, un « homme de l'automobile », et son remplacement par C. Romiti, qui préconise l'« expansion horizontale », montre la voie choisie par la firme italienne. En Allemagne, Daimler Benz et dans une moindre mesure BMW s'intègrent vers l'électronique et l'aéronautique. Au Japon, certains pensent que les grands constructeurs utiliseront aussi leurs capacités financières pour entrer dans d'autres industries.

VI. LES RELATIONS ENTRE LES CONSTRUCTEURS

L'industrie automobile, on l'a vu, se mondialise en même temps que se développent de nouveaux métiers indispensables, comme ceux de l'électronique. Les constructeurs doivent en outre réorganiser leurs relations avec l'extérieur, en amont (sous-traitants) comme en aval (liens avec le marché). Tous ces mouvements exigent d'importants moyens financiers et humains, et nécessitent une certaine « taille critique » qui peut être obtenue par la croissance mais aussi par la coopération avec les concurrents.

Les liens entre grandes firmes sont courants au Japon, où une bonne partie de l'industrie est organisée en conglomérats géants (Mitsubishi, Mitsui, Sumitomo, etc.). Dans l'automobile, on dénombre formellement onze constructeurs, mais seulement six ensembles économiques : celui de Toyota, lié à Mitsui, avec Daihatsu et Hino [1] ; celui de Nissan avec Fuji Heavy Industries et Nissan Diesel [1] ; celui de Honda ; celui de Mitsubishi Motors au sein du groupe Mitsubishi ; et ceux dont le centre est aux Etats-Unis, avec Isuzu et Suzuki liés à General Motors, et Mazda lié à Ford (et proche de Sumitomo).

Les constructeurs européens apprécient quant à eux les accords techniques et industriels. Peugeot SA et Renault ont par exemple plusieurs filiales communes : la Française de Mécanique (fonderie, moteurs), la Société de Transmissions Automatiques, la Société des Usines Chausson (assemblage). Les deux groupes, qui avaient conçu un moteur « V6 » avec Volvo au début des années soixante-dix, développeront ensemble son successeur du milieu des années quatre-vingt-dix. A l'étranger, Renault vient se s'allier avec Volvo, alors que Peugeot SA produit des petits véhicules utilitaires avec Fiat au sein de la Sevel, qui possède deux usines en Italie et en ouvrira une troisième à Hordain (Nord) en 1994, pour produire 500 véhicules par jour. Les deux firmes, qui ont aussi conçu ensemble le moteur « Fire », pourraient se rapprocher davantage : « nous sommes prêts à coopérer avec Peugeot, déclarait récemment C. Romiti, directeur général de Fiat, car l'intensification de nos rapports et de nos coopérations serait très bénéfique pour nos deux groupes ».

Des accords sont signés dans le monde entier, créant des réseaux d'échanges, de coopération mais aussi de concurrence qui se substituent aux classiques relations de marché. Rover va par exemple équiper les versions diesel de ses nouvelles voitures de gamme moyenne avec des moteurs Peugeot (Rover 200 et 400, proches de la Honda Concerto). Volvo utilise quant à lui des

1. Poids lourds.

moteurs diesel Renault et Volkswagen. Ce dernier et Ford, tout comme Fiat et Peugeot SA vont produire en commun des véhicules du type de la Renault Espace : ces accords permettront aux partenaires d'être présents sur une « niche » en croissance tout en bénéficiant des économies d'échelle d'une usine unique.

Volvo, qui s'est rapproché de Renault, a dans le même temps signé un accord avec Mitsubishi en vue de partager une usine aux Pays-Bas. Mitsubishi, quant à lui, a entamé un rapprochement avec l'Allemand Daimler Benz, qui a également des contacts avec Fiat. Même l'Amérique est touchée par cette dynamique, pourtant contraire aux principes libéraux. Chrysler et General Motors ont créé une filiale commune, New Venture Gear, spécialisée dans les systèmes de transmission. Les « Big Three » ont par ailleurs lancé un programme commun de recherche de cent millions de dollars sur les véhicules électriques.

VII. L'AVENIR

1. Les enjeux

Après un demi-siècle de croissance régulière, le marché de l'automobile est entré il y a quinze ans dans une période de volatilité et de ralentissement. Dans le même temps, le système industriel a atteint ses limites, aussi bien dans l'organisation des usines que dans celle des relations entre fournisseurs et clients. Les constructeurs tentent maintenant de relancer une croissance stable de leur marché et de leurs performances. Ils développent leurs ventes dans les pays en voie d'industrialisation, mais aussi sur leurs marchés traditionnels, en suscitant de nouveaux modes de consommation fondés sur les « niches » et la multi-motorisation, et en perfectionnant sans cesse leurs voitures. Quant à l'organisation de la production, les firmes tentent de plus en plus d'aller au-delà des modèles classiques américain et japonais, pour concilier productivité et conditions de travail, grandes séries et flexibilité, économies d'échelle et variété, contrôle de l'amont et partenariat, concurrence et coopération.

Les enjeux pour le futur portent sur ces deux séries de questions : reprise de la croissance d'une part ; adaptation de l'industrie de masse aux nouvelles conditions de cette croissance d'autre part, étant données l'internationalisation de l'industrie et l'évolution des besoins des consommateurs. En fonction des réponses à ces questions, voici maintenant plusieurs hypothèses sur l'évolution des relations entre les firmes du secteur et sur la place qu'occuperont les constructeurs d'automobiles dans l'économie mondiale.

2. La fin d'une certaine industrie automobile ?

La saturation durable de la demande signifierait la fin de l'industrie automobile en tant que secteur économique dominant. Cette hypothèse, qui traduirait l'échec des politiques de produits des constructeurs, n'a rien d'irréaliste : les « niches » et le développement de la multi-motorisation, ainsi que la multiplication d'innovations à l'utilité souvent douteuse, ne font pas oublier la saturation des marchés, le prix croissant des voitures et les graves problèmes de trafic automobile dans les pays développés. Selon E. de Banville et J.-J. Chanaron, les « artifices » actuellement déployés par les constructeurs pour « repousser les plafonds » de la consommation « restent toujours provisoires, éphémères, ne pouvant qu'être des sursis temporaires ».

L'absence de croissance et la volonté d'expansion des constructeurs entraîneraient dès lors une vive concurrence pour la conquête de parts de marché, comparable à celle qu'on observe aux Etats-Unis entre Américains et Japonais. Elle porterait sur les prix, mais aussi sur l'identification de nouvelles « niches », permettant à quelques spécialistes de survivre (qu'il s'agisse de « spécialistes mondiaux » ou de « généralistes locaux »). De toute manière l'industrie se concentrera, et les plus faibles disparaîtront ou seront absorbés. Les constructeurs les plus puissants chercheront en outre à s'introduire dans des secteurs plus prometteurs, comme ont semble-t-il commencé à le faire Fiat et Daimler Benz.

Les paragraphes suivants reposent sur une hypothèse plus optimiste pour les constructeurs : une certaine croissance de la demande se rétablit à moyen terme, grâce à des innovations décisives. Plusieurs scénarios sont alors envisageables. Mais à court terme, quel que soit le « mode de croissance » futur, nous risquons de vivre une période de « redistribution des cartes », c'est-à-dire des parts de marché, qui se traduira par la « guerre des prix ». Celle-ci est engagée aux Etats-Unis (le rabais moyen que les « Big Three » ont consenti en 1990 par rapport aux tarifs officiels a dépassé 5 000 francs par voiture) ; elle débute en Europe où elle promet d'être dévastatrice, avant même la « montée en puissance » des Japonais (Ford a par exemple réduit ses prix de 10 % au Royaume-Uni pendant l'été 1991).

3. Des scénarios improbables

3.1. Le retour à l'avant-crise

Rien n'interdit de croire que le « sloanisme » des années trente à soixante-dix puisse finalement se maintenir, grâce à la mondialisation du marché et de la production. Comme l'écrivent M. Piore et C. Sabel, « une voie de sortie de la saturation des principaux marchés de biens durables pourrait être d'accroître la demande en augmentant le pouvoir d'achat global de certaines des nations qui n'ont pas les moyens d'acheter ces biens ». Pour ces auteurs, « la stratégie mondiale de l'automobile a montré que les conditions techniques et économiques d'une telle solution ont été bien comprises ». Il resterait à les mettre en œuvre à grande échelle. Mais, comme on l'a vu plus haut, les perspectives de développement d'un grand marché mondial de l'automobile sont encore lointaines : le retour au sloanisme n'est pas exclu à long terme, mais il serait alors précédé d'un autre « mode de croissance », caractérisé par l'incertain, la croissance très modérée et la domination des seuls grands pays industriels.

3.2. L'utopie artisanale

L'atomisation de la demande entraîne l'augmentation du nombre de modèles et de versions, et par suite la réduction de la taille des séries. Les très grandes séries standardisées ne sont donc plus adaptées au marché. L'exploitation des économies d'échelle est par conséquent plus complexe qu'autrefois. Certains auteurs annoncent même l'apparition de « déséconomies d'échelle » dues à la trop grande taille des installations, et la fin de toute production de masse. Celle-ci serait remplacée par un régime de « spécialisation flexible ». Des économies d'échelle subsisteraient localement, au sein de multiples petites et moyennes entreprises spécialisées, comme on l'observe aujourd'hui dans certaines régions d'Italie. L'ensemble de ces firmes formerait un réseau coopératif très flexible, d'où sortirait une vaste gamme de produits diversifiés : les économies d'échelle seraient remplacées par des « économies de variété », et les grandes firmes par d'innombrables entreprises quasi-artisanales. Ce système peut être viable si la demande reste segmentée, instable et en croissance modérée, comme ce pourrait être le cas dans l'automobile.

Ce scénario est pourtant le moins réaliste. Il correspond assurément mieux à des secteurs comme le meuble, le textile, la mode ou la machine-outil, où règnent les entreprises moyennes. On conçoit par contre difficilement que des firmes géantes comme les constructeurs d'automobiles acceptent d'abandonner leur pouvoir économique, alors qu'elles ont la possibilité de le préserver grâce à la croissance, même faible, du marché : celle-ci leur assure en effet des profits et une maîtrise de l'information suffisants pour leur laisser l'initiative et leur permettre d'orienter convenablement l'industrie automobile. Comme l'écrit F. Perroux, l'« espace industriel est plastique » et la stratégie des grandes firmes vise à « infléchir ou changer les règles du jeu » dans cet espace, afin de maintenir leur domination.

On a déjà vu par ailleurs que, malgré leur changement de nature, les économies d'échelle restent un paramètre fondamental de la concurrence dans l'industrie automobile.

3.3. Le règne du marketing

La croissance permet de conserver l'effet des économies d'échelle. Mais on peut imaginer qu'elles se concentrent dans la commercialisation et les rapports au marché, plutôt que dans la fabrication, de plus en plus banalisée. Ce serait pousser à l'extrême la logique du constructeur concepteur et vendeur, abandonnant peu à peu toute activité manufacturière. Certains signes vont dans ce sens, comme la « désintégration » croissante des constructeurs, et la part de plus en plus grande dans leurs coûts de revient de la conception et de la commercialisation. Les effets d'échelle sont manifestes dans ces deux métiers : il faut répartir les coûts fixes de conception sur le plus grand nombre possible de véhicules, et un réseau de distribution étendu permet de la même façon une répartition du risque commercial.

L'industrie automobile ressemblerait alors au secteur de l'agro-alimentaire ou à celui des lessives, où le volume de production est certes déterminant, mais bien moins que la puissance des services de marketing et des sociétés de distribution. La logique des constructeurs est actuellement de repousser la différenciation le plus possible vers l'aval, et de la concentrer dans les usines d'assemblage. On peut concevoir qu'ils la localisent à l'avenir encore plus en aval, et que la création de la variété incombe uniquement au marketing, qui aurait alors à écouler des voitures fondamentalement identiques.

Ce système bouleverserait l'équilibre de la filière automobile : bon nombre des savoir-faire historiques des constructeurs perdraient leur caractère stratégique, tandis que la grande distribution pourrait imposer les siens, et ainsi capter une grande part des marges et orienter l'avenir de l'industrie. C'est pourquoi les constructeurs essaieront sans doute de réaliser un scénario plus « conservateur ».

4. La production de masse flexible

On peut penser en définitive à un système où les économies d'échelle, loin de disparaître, seraient déterminantes à la fois en fabrication et dans les rapports au marché. Ce système serait aussi suffisamment flexible pour accompagner l'évolution de la demande, puis entretenir sa croissance. La flexibilité est elle-même un facteur de concentration et d'économies d'échelle, par l'ampleur même des investissements destinés à l'améliorer. Elle portera sur la composition de la production, sur le « mix » des modèles bien plus que sur les volumes. En effet, si la croissance du marché de l'automobile reprend, elle ne sera probablement guère moins régulière que durant la période précédente. C'est en tout cas l'objectif des constructeurs, qui tiennent à une certaine stabilité des indicateurs sociaux et financiers, ne serait-ce que pour garantir un bon niveau d'investissement : la flexibilité exige un horizon temporel assez étendu. Nous entrons peut-être dans le monde de l'incertain, mais un incertain canalisé par les acteurs les plus puissants.

Durant la période fordiste, seules étaient stratégiques les unités de production. Pendant le sloanisme qui lui a succédé, la quasi-totalité de la filière, y compris la conception et la commercialisation, l'est devenue, poussant les constructeurs à s'intégrer dans toutes les directions. Il apparaît aujourd'hui que les

« points stratégiques » restent nombreux et diversement répartis, sans pour autant couvrir l'ensemble de la filière. Ainsi le montage final restera largement intégré aux constructeurs, mais ils n'hésiteront pas à faire davantage appel à des assembleurs extérieurs. Ils pourront aussi se séparer de l'emboutissage des tôles. De même, ils conserveront des usines de moteurs, mais en achèteront de plus en plus à l'extérieur. Ils pourront enfin s'intégrer dans de nouveaux métiers industriels, jusqu'à la mise en forme de certains matériaux comme les composites. Ils conserveront la maîtrise d'œuvre de la conception et tenteront même de réintégrer celle de systèmes actuellement contrôlés par les grands équipementiers, tout en se séparant de celle d'ensembles moins importants. Les constructeurs se retireront peut-être de la distribution de certaines pièces détachées, mais seront amenés de plus en plus à prendre en charge la récupération et le recyclage des épaves.

Quant aux relations entre firmes, elles pourraient tendre vers un système de liens multiples dominé par quelques grands constructeurs (eux-mêmes en relation), portant sur la recherche, la production commune de composants, la commercialisation de certains véhicules, etc. Ce système ouvert, à la fois coopératif et concurrentiel, serait différent de la concurrence pure et bornée dans le temps du modèle américain, aussi bien que du modèle japonais, fermé et rigide (la coopération n'y existe pour le moment qu'à l'intérieur des « quasi-conglomérats » formés par les constructeurs et leurs fournisseurs habituels). Il serait aussi différent du « partenariat idéal » d'auteurs comme E. de Banville et J.-J. Chanaron, qui ne tient sans doute pas assez compte des rapports de forces effectifs entre les grandes firmes et leurs petits fournisseurs. La complexité des futurs réseaux coopératifs est susceptible de neutraliser les alliances durables, et de maintenir une concurrence subtile mais non dénuée de violence, portant sur les prix, les produits et la répartition des flux de capital et d'information, et dont le marché ne sera pas l'unique théâtre.

Je voudrais, pour faire mieux comprendre ce dernier scénario, terminer sur une image historique. J'ai comparé les constructeurs intégrés de la période précédente à des empires territoriaux, comme ceux de la France ou de l'Angleterre. Pour les constructeurs futurs, il faut peut-être évoquer l'empire vénitien. Celui-ci s'étendait sur l'ensemble de la Méditerranée, en ne couvrant que de modestes superficies, étant constitué de relais et non d'étendues territoriales. Or cet empire émietté fut, selon F. Braudel, le centre de l'« économie-monde » du XIVe au XVIe siècle. En effet, la Sérénissime République a longtemps contrôlé la circulation internationale des capitaux et de l'information, grâce à ses relais et à certains « métiers stratégiques » (la banque, la diplomatie), qui n'étaient pas tous « immatériels » : Venise était une grande nation technicienne, possédant la plus puissante flotte de guerre d'Europe. L'Arsenal, qui produisait les galères en série, fut la plus importante entreprise industrielle du monde.

Ce modèle ressemble à celui que j'ai présenté pour l'avenir de la construction automobile, dont l'histoire pourrait donc évoluer à l'inverse de celle des Etats européens, où des puissances comme Venise ou Amsterdam ont été peu à peu supplantées par les Etats-nations et leurs empires coloniaux. Dans l'industrie, ce sont les grandes firmes intégrées qui pourraient céder la place à des systèmes également étendus, mais moins massifs et plus flexibles, régis par des réseaux d'alliances complexes dignes de la diplomatie de la Renaissance.

CONCLUSION : LA VOITURE DU FUTUR

Les derniers scénarios qu'on vient d'évoquer supposent une reprise du marché de l'automobile à un rythme durablement voisin de la croissance économique. Pour cela, il faudrait que les voitures évoluent radicalement. Deux voies complémentaires sont envisageables : l'automatisation de la conduite pour que le véhicule soit réellement « auto-mobile » et la banalisation de la variété.

1. Des machines à rouler

A court et moyen terme on parle volontiers, pour expliquer la segmentation des marchés, de l'« individualisme contemporain » et de la personnalisation des produits. Le concept de « machine à rouler », de voiture standardisée comme en rêvaient H. Ford, A. Citroën ou Le Corbusier semble bien obsolète.

En fait, la recherche de la personnalisation n'est pas neuve. J. Baudrillard en parlait déjà en 1968, quand il évoquait « les milliers de différences marginales et la diffraction souvent formelle d'un même produit par le conditionnement, ouvrant l'éventail d'une liberté précaire, la dernière : celle de choisir au hasard les objets qui vous distingueront des autres ». Les techniques de fabrication permettent aujourd'hui de différencier encore plus les modèles de voitures. Mais, paradoxalement, cette variété sans cesse croissante pourrait signifier la fin de la différenciation « sociale » dont parle J. Baudrillard. Les différences entre véhicules sont encore assez nette, et une « 4 x 4 » en ville se signale toujours aisément comme support des fonctions « attirer l'attention » ou « exhiber son individualisme ». Mais la variété absolue, la voiture sur mesure, qui n'ont rien d'utopique, impliquent un « continuum » de modèles très proches dont les différences n'auront plus guère d'intérêt pour autrui. La différenciation servira alors uniquement à mieux répondre aux besoins de chacun, et la voiture sera une parfaite « machine à rouler ».

Le processus paraît déjà entamé : les variantes et les options sont de plus en plus nombreuses, et pourtant chacun remarque que les voitures se ressemblent de plus en plus, que toute nouveauté est rapidement diffusée et reproduite. Cette « banalisation de la variété » pourrait, en répondant parfaitement aux attentes de chacun, relancer le marché de l'automobile bien mieux que toutes les campagnes de personnalisation « aggressive ». A terme, la frontière entre les transports en commun et les transports individuels serait très estompée ; elle disparaîtrait presque complètement si les automobiles pouvaient se passer de conducteur.

2. Des voitures sans conducteur

Les voitures sont certes « auto-mobiles » du point de vue de la propulsion. Mais elles ne savent pas encore se diriger seules : il leur faut un conducteur qui tourne le volant, actionne des pédales et un anachronique levier de vitesse, qui concentre son attention sur l'environnement et la sécurité du véhicule, et doit de surcroît réfléchir à un itinéraire optimal.

Le développement de l'électronique pourrait rendre la voiture plus autonome et plus pratique à utiliser. Dans un premier temps, la gestion automatique de l'environnement immédiat et de la sécurité (freinage ABS, radar anti-collision, etc.) permettrait au conducteur de relâcher un peu son attention. Puis, progressivement, les voitures pourraient devenir des véhicules entièrement programmables, très souples et comparables à des transports en commun « sur mesure » [1]. Les gains de productivité de l'électronique permettraient probablement de fabriquer ces automobiles sans surcoût excessif.

De tels véhicules « auto-mobiles » toucheraient un peu plus de consommateurs qu'aujourd'hui (jeunes, personnes âgées, etc.). Mais surtout, les conditions de la concurrence avec les transports collectifs seraient remises en cause (aussi bien en ville, où l'on pourrait rendre la circulation plus fluide, que sur les longues distances, où l'on pourrait faire rouler les voitures beaucoup plus vite en toute sécurité). Or le « besoin » global de transport semble être encore croissant dans les sociétés industrialisées, et les constructeurs d'automobiles pourraient en profiter pour étendre la concurrence au secteur des transports tout entier. Ainsi, la crise actuelle pourrait conduire un jour au triomphe des idées d'Henry Ford et à la diffusion de véritables « machines à rouler » adaptées aux besoins individuels.

3. Conclusion

L'information jouera un rôle assurément accru dans les sociétés développées, mais leur industrie ne se « dématérialisera » pas pour autant. La fabrication reste même une dimension fondamentale de la croissance et de la concurrence entre firmes. Une fabrica-

1. Plusieurs firmes, dont Peugeot SA, Siemens et la Compagnie Générale des Eaux, se sont associées à la mairie de Paris pour étudier un système de régulation automatique du trafic urbain.

tion certes mieux « informée », mais toujours dominée par les effets d'échelle : qu'elle assemble un modèle unique ou une multitude de variantes personnalisées, une usine de grande capacité reste un instrument de la production de masse. Son futur modèle d'organisation interne et de relations avec l'extérieur est encore à trouver, entre l'illusoire révolution de la « production maigre » et les utopies du « small is beautiful » ou même du partenariat « pur et parfait ». Un modèle qui devra tenir compte à la fois de l'innovation technique, de fortes contraintes sociales et d'une logique inchangée pour les grandes entreprises, une logique de pouvoir et de domination économiques.

BIBLIOGRAPHIE

Ce livre est largement fondé sur ma thèse de doctorat en économie industrielle :

– Roos P., (1990), *Pouvoir, territoires et métiers - Une analyse de la concurrence appliquée à l'industrie automobile*, CERNA-Ecole des Mines, Paris.

On pourra également se référer à :

– Altshuler A., Anderson M., Jones D., Roos D., Womak J., (1984), *The Future of the automobile*, The MIT Press, Cambridge (USA).

– Banville E. de, Chanaron J.-J., (1991), *Vers un système automobile européen*, CPE-Economica, Paris.

– Bricnet F., Mangolte P. A., (1990), *L'Europe automobile*, Nathan, Paris.

– Cohendet P., Hollard M., Malsch T., Veltz P., (1988), *L'Après-taylorisme*, Economica, Paris.

– Coriat B., (1990), *L'Atelier et le Robot*, Christian Bourgois, Paris.

– Coriat B., (1991), *Penser à l'envers*, Christian Bourgois, Paris.

– Cusumano M. A., (1985), *The Japanese automobile industry*, Harvard University Press, Cambridge (USA).

– Fridenson P., (1972), *Histoire des usines Renault*, Seuil, Paris.

– Jacot J. H. (éd.), (1990), *Du fordisme au toyotisme ? Les voies de la modernisation du système automobile en France et au Japon*, La Documentation Française, Paris.

– Sloan Jr., A. P., (1966), *Mes Années à la General Motors*, Hommes et Techniques, Paris.

– Womak J., Jones D., Roos D., (1990), *The Machine that changed the world*, Rawson Associates, New York.

On consultera aussi les statistiques du *Journal de l'Automobile* et le recueil de chiffres publié chaque année par le *Comité des Constructeurs Français d'Automobiles* (CCFA).

TABLE DES MATIÈRES

Achevé d'imprimer le 15 avril 1992 dans les ateliers de Normandie Roto S.A. 61250 Lonrai.
N° d'imprimeur I2-0760 – Dépôt légal : avril 1992